LETTRE D'VN ABBE A VN EVESQVE,

SVR LA CONFORMITE' de saint Augustin auec le Concile de Trente dans la doctrine de la Grace.

M. DC. XLIX.

ADVIS AV LECTEVR.

ON CHER LECTEVR,

Auant que tu lises cét ouurage qui est petit, en estenduë, mais tres-grand en substance, ie pense qu'il est necessaire dete dire quel est le motif qui a porté l'autheur à l'entreprendre. Vne personne de grãde condition qui mene vne vie fort retirée, luy ayant témoigné de desirer qu'ils allassent ensẽble visiter vn Euesque dont la pieté est fort cõnuë; il ne voulut rien faire en cette occasion contre la ciuilité qui luy est si naturelle. Ils allerent donc de compagnie au logis de ce Prelat & l'y rencontrerent heureusement; Apres quelques entretiens familiers, ils tomberent sur le discours de la grace; cette matiere estant profonde d'elle-mesme, & cét autheur y estant éclairé tout autant qu'aucun homme qui soit dans l'Eglise, tu t'imagines bien sans doute, qu'ils eurent vne conference assez longue sur ce suiet. Et comme il est impossible de parler de la grace sans parler du Concile de Trente & de saint Augustin, l'Autheur de cét escrit aduança cette proposition. Qu'en la matiere de la grace, les lieux du Concile de Trente, dont le sens est contesté parmy les Catholiques, doiuent estre interpretez par saint Augustin que ce Concile suit en ce suiet, & dans les choses & dans les termes. Cette proposition te choque-t'elle? te scandalise-t'elle? Certes ie ne sçaurois le croire, si toutefois elle auoit fait dans ton esprit quelque mauuaise impression, elle en sera ie m'asseure entierement effacée par la lecture que tu feras des premieres pages de ce trauail. Cét Euesque n'ayant pas tesmoigné d'abord & en la presence de ces deux personnes qui estoient chez luy pour luy rendre visite, que cette mesme proposition luy semblast déraisonnable & peu orthodoxe; On publia bien-tost apres par tout & principalement dans tous les lieux celebres, que celuy qui l'auoit proferée mettoit saint Augustin au dessus du Concile de Trente, parce qu'il rendoit ce saint l'interprete de ce Concile, te semble-t'il que cette consequence soit bien tirée? Mais on alla encore bien au delà: car l'on fit passer en beaucoup d'endroits ce sçauant & vertueux Ecclesiastique pour vn homme qui auoit vne meschante doctrine, & qui estoit heretique, ie n'y pense ie te jure, & ne le dis qu'auec horreur. Et afin que tu voies qu'en cecy ie n'aduance rien temerairement, ie t'allegue que des personnes qui sont en tres-grande consideration à la Cour, ont asseuré qu'en leur presence on auoit entretenu la Reyne de semblables discours à la face des Autels dans l'Eglise Cathedrale de Paris, où comme l'on sçait cette auguste Princesse va souuent pour y supplier la Vierge Mere de luy impetrer de Iesus-Christ son Fils, toutes les graces dont elle à besoin pour se bien conduire dans l'education du Roy, & dans la regence de cét Estat. En mesme temps tous ses amis venant en foule luy donner aduis, qu'on l'accusoit de mettre S. Aug. au dessus du Concile de Trente, qu'on luy imputoit de meschantes opinions, & ce qui est plus cruel que tout le reste, qu'on le taxoit d'heresie, n'estoit-il pas obligé voire mesme contraint de se iustifier & de se lauer par toutes les voyes imaginables, d'vne accusation si terrible dont on l'auoit chargé, non seulement aupres de plusieurs personnes illustres mais encore aupres de la plus grande Reyne de la terre à la face de Dieu viuant, dans l'vn de ses plus augustes temples. Ainsi donc tu vois que cét ouurage n'a pas esté entrepris par son autheur sans vne necessité tres absoluë.

Quant a l'ordre qui y est obserué. Voila quel il est à mon aduis. La'utheur ayãt d'abord entierement destruit la mauuaise consequence que l'on auoit tirée de sa propositiõ, il en establit la verité sur quatre considerations principales. La 1, que le

Concile de Trente selon le tesmoignage mesme de Henricüez sçauant Iesuitte, ayant emprunté les termes de S. Aug. pour s'expliquer luy-mesme sur la Grace, & pour former les Canons qu'il a faits sur le mesme suiet, il est ridicule de penser qu'il n'ait pas approuué & suiuy le sens des termes de saint Augustin & la doctrine de ce Saint touchant la Grace. La seconde, que tant de Conciles ou Oecumeniques ou Nationnaux, tant de grands Papes & tant de celebres Docteurs, ayans si solemnellement approuué & comblé de tant d'eloges saint Augustin, pour auoir si magnifiquement deueloppé les mysteres de la Grace, ce seroit faire vn insigne tort au Concile de Trente de presumer qu'il ait abandonné ce Saint, en traittant de la Grace. Et dautant que les aduersaires de l'opinion de ce mesme Saint ont de coustume d'obiecter, que si les Conciles les Papes & les Docteurs ont approuué & loüé sa doctrine, il ne s'ensuit pas pour cela qu'ils l'ayent authorisée en tous ses points: l'Autheur soustient que si ce sainct a esté authorisé en vn seul point de sa doctrine, il l'a esté consequemment en tous les autres, parce que tous les points de la doctrine de ce Pere ont entr'eux vne liaison indissoluble, & se rapportent tous necessairement à vn certain principe comme à leur centre; & en ce lieu le mesme autheur découure & fait voir d'vne maniere merueilleuse cette liaison estroitte & serrée qui se rencontre dans toutes les parties de la doctrine de ce Pere; & comme cette 3e consideration est tres-importante, ie te coniure, mon cher Lecteur, de la lire plus d'vne fois, osant bien te promettre que tu en seras extraordinairement satisfait. La quatriesme, qui est d'aussi grand poids que la precedente est, que si l'on aduoüoit vne fois que le Concile de Trente eut abandonné saint Augustin dans la grace, les Caluinistes & les autres ennemis de l'Eglise s'en preuaudroient contre-elle, & nous reprocheroient que le Concile de Trenre que nous faisõs passer pour vn Concile Oecumenique & vniuersel, comme il l'est en l'effet, a quitté le fil ou la ligne de la tradition, pource que n'y ayant point de milieu ou d'opinion moyenne entre l'opinion de ce Saint Docteur & celle de ses aduersaires, il s'ensuit que de n'approuuer pas son opinion, c'est approuuer celle de ses aduersaires, & ie te coniure encore vn coup de ne passer point legerement par dessus cette derniere obseruation. Ces 4. belles considerations qui composent la 1. partie de cét ouurage, estant cõme elles sont fortement establies sur de puissans raisonnemens, l'Autheur resout en suitte quelques obiections qui pourroient luy estre faites par des personnes peu capables, & se voiant insensiblement engagé à parler de la Bulle qu'Vrbain VIII. a faite touchant le liure de l'Euesque d'Ypre, pour faire cesser les cris & les plaintes que formoient quelques-vns à Rome, & partout ailleurs contre ce mesme liure, il fait voir enfin qu'elle a esté l'intention du saint Siege dans la publication de cette mesme Bulle.

La seconde partie de cét ouurage consiste toute entiere dans l'explication du 4. Canon de la sixiesme Session du Concile de Trente. Mais m'apperceuant que ie passe les bornes que ie m'estois proposé de mettre à ce petit aduis que ie te donne; ie ne te diray rien de particulier touchant les points qui formẽt cette derniere partie, & me contenteray de t'auertir en general que cette explication de ce Canon est si necessaire, si docte ou si remplie de toute sorte d'erudition, si bien fondée dans l'antiquité & dans l'histoire du Concile, & si propre mesme pour maintenir l'honneur de ce Synode Oecumenique, qu'ils faudroit estre du moins insensé pour n'en demeurer pas entierement persuadé & conuaincû apres l'auoir leuë, & tant soit peu examinée. Aussi ay-ie appris que Monsieur le Moine fameux Theologien, ayant veu cét escrit auant que ceste derniere partie fut dans la perfection où tu la vois auoit fait de vray quelques petites obseruations contre certains autres endrois de ce mesme escrit, mais qu'il n'en auoit fait aucunes contre cette mesme interpretation.

Apres t'auoir fait voir, mon cher Lecteur, le motif qui à fait entreprendre cét ouurage, ce que l'on y traitte & la conduite qui y est obseruée, il me reste maintenant à te dire que son Autheur est vn Abbé d'vn merite tout extraordinaire, dont le profond & le vaste sçauoir, l'esprit sublime, le grand & le clair-voyant iugement sont connus non seulement par tout, ce qu'il y a d'honnestes gens dans la France, mais ont encore esté admirez il y a long-temps par toute la Cour de Rome, & par le feu Pape mesme Vrbain huictiesme. Sa vertu est incomparable, & ie ne t'en donneray point d'autre marque sinon l'extreme desinteressement où ce veritable Ecclesiastique a tousiours vescu. Et ce qu'il n'a iamais rien demandé ou fait demander pour luy, ny en cette Cour, ny en celle du Pape, ny en celle de Sauoye, où il n'estoit pas moins consideré que dans les deux autres, n'est-ce pas vne preuue tres infaillible de l'extreme desinteressement où ie t'asseure qu'il a tousiours vescu? Car s'il possede quelques biens ils luy sont arriuez par la bien-veillance du feu Pape, du feu Roy, & du Prince Maurice de Sauoye qui auoient de grands tesmoignages de son merite & de sa vertu. Et ce qu'il se declara pour les sentimens de saint Augustin touchant la grace de Iesus-Christ, lors qu'il estoit sur le point d'arriuer a vne eminente dignité, bien qu'il sçeut que l'on auoit resolu de n'y esleuer que ceux qui ne faisoient pas profession de ces mesmes sentimens, n'est-ce pas vne autre preuue tres-infaillible de l'extreme desinteressement où il y a tousiours vescu & où il vit encore? & du depuis qu'il a ruiné comme l'on dit sa fortune dans le monde bien que quelque peu d'esprits intemperez ayent tasché par leurs infames calomnies de flestrir sa reputation, sa douceur neantmoins, sa charité vers toutes sortes de personnes, & toutes ses autres rares qualitez n'ont pas laissé de luy cõseruer l'approbation publique, Mais quelque iniure que luy ayent faite, & auec quelque mespris que l'ayent traitté ces petits esprits indiscrets & violens, il a tout souffert auec la magnanimité d'vn Apostre. Ie ne te represente pas qu'il n'a point d'attache a aucun party, puis qu'il te le proteste luy-mesme à la fin de son escrit, ie ne t'allegue pas non plus que depuis six ou sept années il fait vne estude tres-expresse des matieres de la Grace, puisque tu connoistras assez par la lecture que tu vas faire de son trauail, combien ce grand homme est éclairé dans toutes les choses qui regardent ce haut suiet. Quant à l'importance de ce mesme sujet, Ie me souuiés de luy auoir ouy dire que sa conscience luy crioit a tout moment, *cries incessamment éleués ta voix & la fais retentir cõme le son de la trompette.* Et quãt au blasme qu'on luy a donné de n'auoir pas eu tout le respect qu'il deuoit auoir pour le Concile de

Trente. Certainement il n'y eut jamais vne accusation plus estrange ny plus iniuste, puisqu'on peut dire que ce sage & ce pieux Ecclesiastique rend à ce Concile vn honneur que peut-estre nul autre Ecclesiastique ne luy a jamais rendu, & c'est de faire lire regulieremẽt à son oraison du soir vn decret de ce Concile qu'il entend la teste nuë & à deux genoux comme l'Escriture Sainte, & apres cela fiez vous aux discours & aux iugemens des hommes.

Pour moy, mon cher Lecteur, ayant eu cét ouurage entre les mains, & m'estant persuadé auec grande raison qu'il seruiroit merueilleusement au public; ie me suis resolu de le luy donner, & ie m'y suis resolu d'autant plus necessairement que ie voyois que si Dieu ny mettoit la main, la verité de la grace qui est le fondement de la Religion Chrestienne alloit estre obscurcie par l'effort & par le zele excessif ou interessé de quelques personnes qui ne considerent pas assez que ce mystere est si haut & si terrible, qu'en ces temps le saint Siege mesme n'a pas estimé qu'il fut à propos de le decider. Que s'il s'est glissé quelques fautes dans l'impression de cét ouurage, il ne faut pas t'en estonner, puisque pour la faire l'on a esté obligé de se cacher de l'Autheur, & de prendre mesmes pour cela, le temps de son absence.

MONSEIGNEVR,

Si Dieu ne m'auoit fait la grace d'estre prest à tout souffrir dans l'estat où ie me trouue, i'aurois esté beaucoup surpris de la nouuelle que ie viens d'apprendre; qu'on m'accuse d'auoir auancé chez vous & deuant vous vne proposition suspecte, & apparemment desauantageuse à la dignité du tres-sainct Concile de Trente. Et cette proposition est, *Qu'en la matiere de la grace les lieux de ce Concile, du sens desquels on ne conuient pas entre les Catholiques, doiuent estre interpretez par sainct Augustin, que ce Concile suit principalement en ce suiet, non dans les choses seulement, mais encore dans les termes*, Certes MONSEIGNEVR, il est bien estrange, & plus estrange qu'on ne sçauroit dire, qu'ayant tousiours parlé auec tant d'honneur & de respect de ce sainct Concile, iusques à le preferer à tous ceux qui l'ont precedé, ie me voye maintenant reduit à la necessité de me iustifier d'en auoir affoibly l'authorité, & de l'auoir affoiblie dans vn temps où i'ay pretendu la releuer, mais qu'ay-ie fait, ou qu'ay-ie proferé pour la raualer? Car il faut que ie le die vne seconde fois, pour tesmoigner que ie ne rougis pas d'auoir allegué & chez vous, & deuant vous, vne maxime saincte, dont quelques vns ont voulu me faire vne matiere de reproche, & presque d'infamie, auec si peu de fondement: i'ay donc dit, qu'aux lieux où ce Concile parle de la grace, & dont le sens est contesté parmy les Catholiques, il faut l'expliquer par sainct Augustin qu'il a eu dessein de suiure, & dans les paroles & dans les choses, & par là peut estre on se figure que i'ose égaler sainct Augustin en authorité à ce Concile Oecumenique. Mais pour preuenir vne consequence si deraisonnable, & qui ne peut estre tirée par vn esprit sage & clairuoyant comme le vostre ; comme il y a grande difference entre la qualité de Iuge & celle d'Interprete, ie dis qu'autant que la qualité de Iuge est superieure à celle d'Interprete, autant le Concile, qui est le Iuge de S. Augustin, est superieur à sainct Augustin, qui n'en est que l'Interprete; & en effet MONSEIGNEVR, qui ne sçait que le Chancelier, qui est l'interprete de son Roy, ne laisse pas d'estre son sujet ? qui ne sçait que le Magistrat qui est l'interprete de la loy, ne laisse pas d'estre inferieur à la loy qu'il interprete ? qui ne sçait qu'en la matiere de la Trinité sainct Athanase, qui est l'interprete du Concile de Nicée, ne laisse pas d'estre inferieur au Concile de Nicée dont il est l'interprete? qui ne sçait qu'en la matiere de l'Incarnation sainct Cyrille, qui est l'interprete du Concile general d'Ephese, ne laisse pas d'estre inferieur à ce Concile general dont il est l'interprete, comme le declare le Pape Eugene dans le Concile de Florence? * qui ne sçait enfin que les saints Peres, qui sont les interpretes de l'Escriture sainte, ne laissent pas d'estre inferieurs à l'Escriture sainte dont ils sont les interpretes ? & que c'est vne calomnie infame des Heretiques de ce temps, quand ils nous accusent d'égaler l'authorité des Peres à celle de l'Escriture saincte, en ce que nous les reconnoissons pour interpretes legitimes de l'Escriture sainte. Ce qui estant ainsi, par quelle raison peut-on pretendre que i'aye égalé l'authorité de sainct Augustin à celle du Concile, pour auoir dit, comme i'ay fait, que sainct Augustin en doit estre l'interprete aux lieux dont le sens est disputé entre les Catholiques en la matiere de la grace & de la predestination diuine? Mais pour acheuer de m'expliquer & pour me lauer de tout soupçon en vn fait de cette importance, permettez moy MONSEIGNEVR ie vous supplie, d'auancer icy deux choses & de les iustifier par ordre. La premiere est, qu'au cas qu'il parut que le Concile eut condamné quelque opinion de sainct August n, mesmes en la matiere de la grace, ie meriterois d'estre chargé de tous les foudres de l'Eglise, si ie faisois difficulté d'abandonner sainct Augustin pour suiure le Concile qui auroit voulu le condamner. Et i'appuye cette verité sur cette maxime indubitable entre les Catholiques, que la puissance sou-

*Dans le Decret d'vnion vn peu apres le commencement, *Le grand & vniuersel Concile*, dit le Pape, *a receu les Epistres Synodiques du Bien-heureux Cyrille, autrefois Euesque de l'Eglise d'Alexandrie, à Nestorius & aux Orientaux, comme ces lettres estans propres pour conuaincre les resueries de Nestorius & pour interpreter le symbole salutaire à ceux qui par vn zele pieux veulent en apprendre le vray sens.* Et ce symbole tint

ueraine de iuger des choses de la foy, reside vniquement dans l'Eglise vniuerselle, ou dans les Conciles generaux, & dans les Papes qui la representent. Mais aux lieux où il ne paroit point, & c'est la seconde chose que i'auance, que le Concile ait eu dessein de condamner sainct Augustin dans le sujet dont il s'agit, vous m'auoüerez qu'vn prudent & sage Ecclesiastique doit presupposer que le Concile n'a pas eu dessein de condamner ce diuin Docteur, mais plustost d'en suiure la doctrine à l'exemple des Conciles qui l'ont precedé, & qu'il a pris pour regles de ses definitions touchant la foy. I'establis ce sentiment sur quatre considerations de la solidité, desquelles ie ne veux point d'autre Iuge que vous mesme. La premiere est celle que i'ay touchée au commencement de cette lettre. Et c'est qu'en la matiere de la grace & de la predestination diuine, le Concile a si exactement suiuy le grand sainct Augustin, qu'il a vsé des propres phrases & des propres termes de ce Pere, pour l'éclaircir & pour la definir, & outre que cela se voit manifestement dans la lecture seule de sainct Augustin & du sainct Concile, en la Session sixiesme, qu'on peut appeller vn enchaisnement & vn tissu des expressions & des paroles de sainct Augustin. I'en prens à tesmoin vn Autheur celebre de la Compagnie de Iesvs, c'est Henriquez, & voicy ses mots que i'ay coppiez moy mesme dans son liure de la derniere fin de l'homme. *Catarin*, dit-il, *ne craint pas de s'opposer à sainct Augustin, comme il a esté dit, quoy qu'en la matiere de la grace & de la predestination, les Peres dans les Conciles mesmes s'attachent au sens & aux paroles de sainct Augustin.* Et pour monstrer qu'Henricuez entre les Conciles dont il parle, a compris aussi celuy de Trente, cet Autheur dit au mesme liure. *Cette opinion se iustifie absolument par beaucoup de lieux de sainct Augustin, dont l'authorité est venerable aux Conciles & aux Papes, & que les Heretiques eux-mesmes n'osent refuter. Et en ce suiet de la grace & de la predestination de Dieu, sainct Augustin me tient lieu seul de mille tesmoins, puis qu'en ce suiet les Peres aux Conciles, de Mileue, d'Orenge & de* Trente, *n'empruntent pas seulement ses opinions, mais encore ses paroles.* Et ainsi, Monseignevr, autant qu'il est iniuste de s'imaginer que le Concile ayt employé les expressions de sainct Augustin, pour condamner sainct Augustin,

lieu de Canon contre les Heretiques dans les Conciles de Nicée, de Constantinople & d'Ephese, dont celuy-cy deffendit d'y rien adiouster.

Chap. 12. §. 2.

Chap. 2. dans le texte §. 5.

autant il est iuste de pretendre qu'il faut l'expliquer par sainct Augustin aux lieux où il employe les paroles de S. Augustin, comme il fait par tout en la matiere de la grace, suiuant la remarque du fameux Iesuiste que ie viens de vous alleguer.

La seconde consideration qui me confirme dans cette creance à mon aduis si religieuse & si sacerdotale, est la singuliere authorité que les Conciles & les Papes ont donnée à la doctrine de sainct Augustin, en la matiere de la grace, & de la predestination. Et quant aux Conciles qui authorisent en ce sujet les opinions de ce sainct homme, il n'y a personne qui ne sçache qu'il a composé les decisions de ceux d'Affrique & leurs Epistres Synodales enuoyées à Rome, & si hautement loüées par *a* Innocent premier, auquel elles furent addressées. Et pour le Concile second d'Orenge, qui est le plus considerable de tous les anciens dans les mysteres de la grace, chacun sçait que les Canons de ce Concile de la France ne sont autre chose, que des lieux tirez de sainct Augustin par le sainct Siege, & enuoyés par le mesme Siege aux Euesques de la Gaule, comme la Preface du Concile le témoigne. Et c'est ce qui a fait dire sagement & iudicieusement au R. Pere Sirmond de la Compagnie de IESVS, que ce Concile auoit terminé les differents d'entre les Catholiques & les Semipelagiens, suiuant les pensées de sainct Augustin. *Au reste*, dit-il, *cette dispute qui auoit trauaillé plus de cent ans des hommes tres-saincts & tres-sçauans de part & d'autre, fut terminée enfin par le second Concile d'Orenge, qui decida cette question du franc-arbitre & de la grace*, SELON LES SENTIMENS DE S. AVGVSTIN. Que si le Concile d'Orenge qui a suiuy S. Augustin, doit estre expliqué par S. Augustin, comme ce docte Iesuiste le confesse; le Concile de Trente qui a suiuy celuy d'Orenge, comme sçauent tous les Theologiens, ne doit-il pas estre interpreté par le mesme Sainct? Et entre les Conciles qui approuuent les œuures de ce saint Docteur, pour passer des particuliers aux generaux & Oecumeniques; s'il est vray, comme il est sans doute, que Rome n'a fait aucuns Canons contre Pelagius, s'estant contentée d'aduoüer ce qui auoit esté fait en Affrique contre luy, & de l'inserer dans ses Archiues auec les Lettres par lesquelles elle l'auoit

a En son Epistre qui est la 91. entre celles de S. Augustin, où ce Pape dit sur la fin de sa lettre, que celle des Peres de Carthage cōposée par saint Augustin, ne luy auoit rien laissé a dire touchant la grace.

b En son premier liure des Conciles de Frāce sur l'année 475.

authorisé. Qui ne voit que ce recueil des Conciles de l'Afrique auec leur approbation par le sainct Siege, ne peut estre que les actes qui furent enuoyez par le Pape Celestin au Concile general d'Ephese, & que le Concile ratifia solemnellement apres les auoir lûs & examinez, comme il le tesmoigne en l'Epistre Synodique qu'il escrit au mesme Pape? Et comme ces actes confirmez par ce Synode Oecumenique auoient esté dressez par sainct Augustin; de là vient que sainct Prosper au liure qu'il a fait contre le Collateur, entre les tesmoins de la saincteté & de la solidité de la doctrine Augustinienne, ne manque pas de rapporter les Peres assemblez au Concile general d'Ephese: Et pour second garand de sainct Augustin entre les Conciles generaux, i'allegue celuy de Constantinople, qui est le cinquiesme des Oecumeniques, & qui veut qu'on suiue la doctrine de sainct Augustin selon le témoignage mesme d'vn autre Concile general, qui est le Concile de Florence, les paroles du cinquiesme Concile sont. *Nous suiuons par tout sainct Augustin, & receuons toutes les choses qu'il a exposées touchant la droicte foy & la condamnation des heretiques.* Et celles du Concile de Florence sont. *Le cinquiesme Synode a consacré sainct Augustin le plus illustre de tous les Docteurs Latins.*

Et quant aux Papes qui ont fait le mesme honneur à cet admirable maistre, qui ne sçait de quels eloges Innocent premier a releué les lettres des Conciles Affriquains, qui ont esté faites par ce Pere, cõme nous l'auons desia marqué? Qui ne sçait que le Pape Boniface auoit accoustumé de le consulter sur les mysteres de la grace, suiuant le rapport de S. Prosper *a*? qui ne sçait que le Pape Celestin escriuant aux Euesques de la Gaule, asseure qu'on ne soupçonna iamais de la moindre erreur ce Docteur incomparable? qui ne sçait que le grand sainct Leon, comme il me seroit aisé de le faire voir, lors qu'il parle de la grace, employe par tout les expressions de sainct Augustin? qui ne sçait que Gelase en vn Concile de soixante & dix Euesques, met les aduersaires de ce Pere comme Cassien & Fauste, au rang des apocryphes, & ses defenseurs, comme Prosper, au rang des Orthodoxes? qui ne sçait de quelle sorte Hormisdas escrit à Possessor de l'autho-

a Sainct Prosper au lieu allegué cy-dessus.

rité de sainct Augustin dans la matiere de la grace? *Encore* dit-il *que tu* puisses apprendre des *Liures d'Augustin & particulierement de ceux qu'il addresse à Prosper & Hylarius ce que croit l'Eglise Romaine, c'est à dire la Catholique touchant, la grace & le franc-arbitre, &c.* qui ne sçait que Boniface second en sa Confirmation du Concile d'Orenge, que le Pere Sirmond a publiée a mis sainct Augustin que ce Concile auoit suiuy au dessus de tous les autres Peres? *puisque plusieurs Peres*, dit-il, *& par dessus tous Augustin d'heureuse memoire ont traicté cette matiere*; qui ne sçait que *a* Iean second à l'imitation de ces ancestres parle en ces termes de sainct Augustin: *Augustin*, dit-il, *dont l'Eglise Romaine suit & garde la doctrine suiuant les ordonnances de nos predecesseurs*, qui ne sçait que *b* Vrbain sixiesme loüe principalement l'Ange de l'Escole saint Thomas de ce qu'il a suiuy religieusement dans ses œuures Theologiques la doctrine de sainct Augustin? qui ne sçait enfin que tout fraischement Clement huictiesme auoit de coustume d'appeller la doctrine de saint Augustin, la dot de l'Eglise Romaine, & qu'il declara que son intention estoit que la dispute agitée deuant luy entre les Reuerends Peres Dominiquains & les Reuerends Peres Iesuistes, fut éclaircie par les sentimens de saint Augustin, & par consequent les lieux mesmes du Concile de Trente dont ceux-là taschoient de se preualoir contre leurs aduersaires? *Bien qu'il n'y ait que Dieu, c dit ce grand Pape a qui ie doiue rendre compte de mes actions, neantmoins ie diray maintenant quelles sont les raisons pour lesquelles i'ay resolu de regler toute cette dispute au niueau de la doctrine de saint Augustin touchant la grace. La premiere est, que si suiuant le tesmoignage de Prosper au commencement de son Liure contre le Collateur l'armée de l'Eglise durant l'espace de vingt ans a combattu de sorte contre les Pelagiens, qu'elle ait enfin vaincu sous la conduitte de saint Augustin, il faut aussi en pareil cas que nous reconnoissions & que nous suiuions le mesme guide. La seconde est, que le mesme Saint semble n'auoir rien obmis des choses qui appartiennent à la decision des presentes controuerses. Comme s'il s'agit de la necessité de la grace, il la décrit disant, il est necessaire qu'elle nous preuienne, qu'elle nous accompagne, & qu'elle nous suiue.*

a En l'Epistre a quelque Senateur.

b dans vne lettre à l'Euesque de Toulouze, au Chancelier de la mesme Eglise & aux autres maistres & Docteurs.

c dans les actes des Conferences tenuës deuant Clement VIII. touchan la matiere de la grace entre les Peres Dominiquains & les Peres Iesuistes lesquels actes ont este depuis peu tirez de la Bibliotecque vaticane.

S'il est question de son efficace, il dit qu'elle donne des forces tres-puissantes à la volonté. S'il est question de son effect, il dit qu'elle fait vouloir celuy qui ne vouloit pas. S'il est question de la maniere, il dit que Dieu le fait par vne vertu toute puissante. Enfin il resout les obiections en enseignant que le franc-arbitre ne s'accorde pas seulement bien auec la grace qu'il defend, mais qu'il deuient plus libre quand il est deliuré par elle. Enfin la troisiesme raison est, que plusieurs Papes nos predecesseurs ayant soustenu si puissamment la doctrine de sainct Augustin touchant la grace, il semble qu'ils ayent voulu la laisser à l'Eglise par vn droit hereditaire, & il n'est pas iuste que ie souffre que l'Eglise soit priuée de cette espece d'heritage, & de succession. En quoy i'ay lieu, MONSEIGNEVR, de m'estonner qu'ayant choisi le grand sainct Augustin pour truchement de ce Concile, suiuant l'intention de ce grand Pape, peu s'en faut qu'on ne me fasse vn crime de l'auoir suiuie, & d'auoir eu dessein de faire ce qu'vn si sainct Pontife ordonne dans le fait dont il est question.

Certes, MONSEIGNEVR, ce souuerain Pasteur de toute l'Eglise auoit lors deuant les yeux le degré d'honneur & de creance où auoient éleué sainct Augustin les Conciles & les Papes que ie viens de vous rapporter; & il sçauoit qu'en cet important suiet la voye la plus seure pour ne pas abandonner la tradition des Peres, estoit de consulter l'Oracle où auoient recouru tous ses ancestres. Et c'est le grand tresor & le gage inestimable des liures de sainct Augustin contre les erreurs des Pelagiens. Ce qui estant ainsi, MONSEIGNEVR, ie ne trouue pas estrange qu'Henriquez reprenant Catarin de ce qu'il auoit eu l'audace de contredire sainct Augustin, en parle en ces termes si vifs & si emphatiques, que ie ne crains pas de les rapporter pour vne seconde fois. *a Catarin n'apprehende point de s'opposer à sainct Augustin, dont l'authorité est venerable aux Conciles & aux Papes dans les choses de la grace, & de la predestination, & que les Heretiques mesmes n'osent refuter.* Ie ne trouue pas estrange aussi qu'vn homme tres-versé dans les œuures de sainct Augustin, dans l'Histoire qu'il a faite de la vie de ce Pere, en escriue en cette sorte. *Presque,* b dit-il, *de tous les endroits du monde, les Docteurs, les Euesques, & les Souuerains Pontifes mesmes, choisissoient*

a Au lieu allegué cy-dessus.

b Corneille Lancelot Moine Augustin au l.3 ch.39. de la vie de ce Pere.

sainct Augustin pour tirer de luy la resolution de leurs difficultez. Les Pontifes l'inuitoient aux assemblées des Synodes. Les Decrets y estoient faits suiuant son opinion. Ils vouloient qu'il y presidast, sçachant bien qu'encore qu'on ne manquast pas de gens tres-saincts & tres sçauans, l'aduis neantmoins de sainct Augustin estoit d'vn poids tout particulier, comme de celuy qui auoit penetré plus profondement dans les mysteres de la foy, & dans les doutes dont les Heretiques auoient accoustumé de les embroüiller, & de celuy qui portant la parole de Dieu grauée dans le fond de sa conscience, apportoit autant de fidelité pour l'obseruer, que de capacité pour l'expliquer. Ie ne m'estonne pas que *a* Baronius ce Cardinal celebre, & cét escriuain incomparable de l'Histoire Ecclesiastique, *b* ait dit de ceux qui proposoiēt de nouuelles routes en la doctrine de la grace, qu'ils auroient fait plus sagement de ne s'éloigner pas de celle de sainct Augustin. Ie ne m'estonne pas que Bellarmin *b* Cardinal Iesuite, & qu'on peut appeller le fleau des nouuelles Heresies, ait dit, que si en la matiere de la grace on pouuoit quitter vne opinion de sainct Augustin, quand il dit, qu'elle est de la foy, le Pape Celestin n'eust pas dit de luy qu'on ne l'auoit soupçonné iamais de la moindre erreur. Ie ne trouue pas estrange enfin, que ce grand flambeau de l'Eglise Gallicane le Cardinal *c* du Perron, escriuant au Roy de la grand Bretagne, ait rehaussé l'authorité de sainct Augustin en ces parolles memorables & dignes de l'immortalité. *Sainct Augustin le plus grand Docteur au point de la predestination, qui ait esté depuis les Apostres, voire l'organe & la voix de l'ancienne Eglise pour ce regard.* Que si l'Eglise, qui a esté & qui sera tousiours la mesme, iusqu'à la consommation des siecles, a tousiours vne mesme voix, comme elle a tousiours vn mesme esprit, qui peut douter que sainct Augustin ne soit encore l'organe & la voix de cette Eglise, comme autresfois il l'a esté selon le tesmoignage de cét illustre Cardinal? Et ainsi, MONSEIGNEVR, en ce rencontre qu'ay ie dit de sainct Augustin, que ce qu'en a dit ce Cardinal? & peut on dire que sainct Augustin est la voix de l'ancienne Eglise, sans offenser l'ancienne Eglise, & ne peut on dire qu'il est la voix de l'Eglise de ce temps, ou du Concile qui la represente, sans offenser la dignité de l'Eglise

a Sur l'année 490 pag. 455.

b A l'occasion de Molina.

c Au l. 2. de la Grace & du francarb. ch. 11.

d En sa Repl. à le Roy l. 1. ch. 12.

glise de ce temps, ou du Concile, qui en enferme toute la puissance, & toute l'infaillibilité. Mais ie passe encore plus auant, car le Concile de Trente ayant [a] declaré qu'il ne diroit rien touchant la grace que ce que l'Eglise en auoit toûjours dit, ne s'ensuit il pas de là que sainct Augustin touchant la grace, est la voix de ce Concile aussi bien que de l'ancienne Eglise, puisque touchant la mesme grace le Concile asseure qu'il ne dit rien que ce qu'auoit dit l'ancienne Eglise?

Mais bien que les deux considerations que ie viens de vous deduire, & qui m'engagent à prendre ce Pere pour interprete de l'Eglise & du Concile soient tres-puissantes & inuincibles ; la troisiesme qui m'y conuie à mon aduis ne l'est pas moins, & c'est ce que ie commençay dernierement de vous faire voir dans vn discours que vous eûtes la bonté d'ouyr chez vous, & que ie ne pûs acheuer à cause du peu de temps que i'eus l'honneur de vous entretenir. A sçauoir l'estroite connexion & la liaison indissoluble qui se trouue entre les points de la doctrine de sainct Augustin, de maniere que si on en destruit vn seul, il semble qu'en suitte on soit contraint de detruire tous les autres. D'où i'infere necessairement, que les Peres du Concile de Trente ayans suiuy manifestement, & du consentement de tous, au moins en quelques points la doctrine de sainct Augustin, nous deuons croire prudemment qu'ils ont eu dessein par consequent de la suiure en tous les autres, voyant bien comme ils ont veu, la chaisne inuiolable, où ce neud si fort & si serré, qui lie tous les chefs de la Theologie de ce Pere, dans les mysteres de la grace & de la predestination, & ce lien, ce neud, cette boucle, qui attache tous les chefs de la doctrine de ce Sainct, est cette verité fondamentale en la pieté Chrestienne, que l'homme n'ayant aucun sujet de se glorifier deuãt son Dieu, il a besoin de la grace de son Dieu, pour pouuoir faire, & pour se determiner à faire tout le bien qu'il fait, de crainte qu'il ne se glorifie de pouuoir faire de luy mesme ce qu'il est obligé de faire, ou de s'appliquer luy même à faire ce qu'il eut pû ne faire pas, biẽ qu'il eût de Dieu la puissance de le faire. Cecy nous enseigne que la grace du Sauueur possede deux proprietez inseparables, dont l'vne est d'estre necessaire & l'autre est d'estre efficace,

[a] En la Sess. 5. en la Preface du Decret du peché originel, En la Sess. 6. en la Preface des Decrets touchant la grace & la iustification. En la Sess. 15. dans le sauf-conduit donné aux Protestans, & en la Sess. 18. dans le mesme sauf-conduit où les paroles du Cõcile sont, *Et signanter quod causæ controuersæ, secundùm Sacrã Scripturam & Apostolorum traditiones, probata Concilia, Catholicæ Ecclesiæ consensum, & sanctorum Patrum authoritates in prædicto Concilio Tridentino tractentur.*

entant qu'elle est necessaire, si on ne l'a pas, non seulement on ne fait point, mais mesmes on ne peut faire, & entant qu'elle est efficace quand on l'a, non seulement on peut faire, mais on fait auec infaillibilité. La necessité de la grace est exprimée en ces mots du Fils de Dieu, *Personne ne peut venir à moy si mon Pere ne le tire.* Où il n'est pas dit seulement que celuy qui n'est point tiré du Pere, ne vient point au Fils, mais aussi qu'il ne peut venir au Fils, & l'efficace de la grace est contenuë en ces paroles du Sauueur. *Quiconque a ouy & appris de mon Pere, vient à moy,* Où il n'est pas dit seulement, dit sainct Augustin, que celuy qui a ouy & apris du Pere, peut venir au Fils, mais qu'il y vient aussi. Ainsi en ce sujet on argumente negatiuement de l'acte à la puissance, en disant; il ne fait pas, doncques il ne peut faire, & on conclut affirmatiuement de la puissance à l'acte, en disant il peut faire, doncques il fait. Et ces deux consequences se iustifient reciproquement l'vne par l'autre, en disant, il ne fait pas, doncques il ne peut faire, pource que la puissance estant tousiours conioincte à l'acte, il feroit s'il pouuoit faire; & au contraire en disant, il peut faire, doncques il fait, pource que l'acte & le pouuoir estans inseparables l'vn de l autre, s'il ne faisoit, il ne pourroit faire.

En S. Iean c. 6. v. 44.

Là mesme v. 45.

Et de la liaison indissoluble de ces deux principales consequences en la doctrine de la grace s'ensuit demonstratiuement, comme voyent ceux qui voyent tant soit peu, tout ce qu'a dit sainct Augustin, de toutes les autres dependances de la mesme doctrine. Tout ce qu'il a dit touchant la maniere dont Iesus-Christ [1] est mort pour tous, dont Dieu veut nous sauuer tous, dont ses commandemens sont possibles à tous, Car disoit-on contre ce Sainct, si de ce que tous ne font pas, il s'ensuit en vn certain [2] sens que tous ne peuuent faire, comment Iesus-Christ [3] est-il mort pour tous? comment Dieu veut-il nous sauuer tous? & comment rend-il à tous ses commandemens possibles? A quoy ce Pere respondoit aux termes que le Concile [4] de Trente prend de luy dans le decret qu'il fait de la mort de Iesus-Christ pour tous. Quant au sens auquel sa mort est appliquée à tous, que Iesus-Christ est mort pour tous, pour ce que [5] tous ceux qui sont iustes ne sont iustes que par luy, comme tous ceux qui sont pecheurs ne sont pecheurs que par Adam. Ou bien pour ce qu'il n'y a point de

1. Obseruez que ie ne parle pas icy de la suffisance generale de la mort de Christ, car il est certain qu'elle est suffisante à racheter vne infinité de mondes, mais que ie parle seulemẽt de l'applicatiõ generale de la mort de Christ, & il est certain que le Concile

de Trente a supposé qu'elle n'est pas appliquee à tous, comme Monsieur le Moyne, personnage que i'honore, me le confessa dans vne conference que i'eus le bien d'auoir auec luy, en presence de Monsieur Olier.

2. Ie dis en vn certain sens, parce que ie parle d'vne puissance qui n'a pas besoin de l'ayde d'vne autre pour produire son effet, ce que i'obserue pour monstrer que ie ne condamne pas la grace suffisante que les Thomistes enseignent, & qui ne fait iamais rien si elle n'est accompagnee d'vne autre, qui nous determine à faire.

3. Dans les Ep. d'Hilaire & de S. Prosp. à S. Aug. & dans les œuures de S. Prosper à tout bout de champ, & particulierement en ses responses aux Gaulois, à Vincent, & aux Genois.

4. Le Conc. de Trente, en la Sess. 6. c. 3.

5. En l'Ep. à Hil. qui est la 89. au l. 1. des merites des Pechez, c. 28. & au l. 2. c. 23. au l. de la nat. & de la gr. c. 41. au l. 2. des nopces ch. 27. au l. 4. contre Iulien, ch. 8. au l. 5. c. 4. au l. 6. c. 4. vers la fin, & c. 24. au l. de la corr. & de la gr. c. 14. & 15. l. 2. de l'œuure imp. c. 135. & 144. & sur tout au ch. 217. où l'on voit vn admirable parallelle d'Adam auec Iesus-Christ.

iustes que ceux qui renaissent spirituellemẽt de Iesus-Christ, comme il n'y a point de pecheurs que ceux qui naissent corporellement d'Adam. Et c'est ainsi que sainct Thomas compare Adam auec Iesus-Christ, en regardant l'vn comme autheur de la perte vniuerselle, & l'autre comme autheur du salut vniuersel. a *Comme*, dit-il, *le peché d'Adam ne paruient qu'à ceux qui sont issus charnellement de luy par vne voye naturelle, ainsi la grace de Iesus-Christ ne paruient qu'à ceux qui sont faits ses membres par vne regeneration spirituelle, ce qui ne conuient point aux enfans qui meurent auec le peché originel.* Et ailleurs le mesme Ange des Docteurs, *Il semble*, dit-il, b *que cecy soit faux*, ce que S. Paul enseigne que tous sont iustifiez en Iesus-Christ, comme tous sont condamnez en Adam. *Car tous ne sont pas iustifiez par Iesus-Christ, comme tous meurent par Adam. Mais il faut dire que cela se doit entendre, que comme tous les hommes qui naissent charnellement en Adam, encourent la condamnation par son peché, ainsi tous ceux qui renaissent spirituellement par Iesus-Christ acquierent la iustification de vie par le mesme Iesus-Christ.* Et sainct c Augustin respondoit que Dieu veut nous sauuer tous, ou par ce qu'il n'y a de sauuez que ceux qu'il veut, ou par ce qu'il en sauue de toute aage, de tout sexe, de toute nation, de toute condition, ou parce qu'il le veut, en faisant que nous le vueillions, & ces trois sens sont alleguez & approuuez en diuers endroits par sainct Thomas *d*. Sainct Augustin *e* respondoit enfin que Dieu rend ses commandemens possibles à ceux qui ont la foy par laquelle nous impetrons l'esprit qui nous fait accomplir la Loy, comme le témoigne sainct Thomas, & par laquelle nous faisons ce que nous pouuons desia, & deman-

a En la 3. part. de sa Somme qu. 52. art. 7. en la response à la 2. obiect.

b En son Comment. sur le 15. ch. de la 1. aux Cor.

c Au l. de la cor & de la gr. ch. 14. en l'Ep. à Vit. & au l. 4. cont. Iul. ch. 8.

d En la 1. part. de sa Somme qu. 19. art. 6. & en son Comment. sur ces mots de S.

dons ce que nous pouuons encore, qui ſont les propres mots que le Concile de Trente emprunte de ſainct *e* Auguſtin en ce ſuiet de la poſſibilité des commandemens diuins.

C'eſt de cette meſme verité qu'auec la grace on peut faire & on fait auſſi, & que ſans la grace ny on ne fait, ny on ne peut faire que s'enſuit demonſtratiuement tout ce que ſainct Auguſtin a dit touchant l'vtilité que nous receuons de la correction, de la predication, de l'exhortation nonobſtant la neceſſité & l'efficace de la grace, en ceux que nous preſchons, que nous exhortons, que nous corrigeons. Car diſoit-on contre ce Sainct, ſi ceux qui ont la Grace font, & ſi ceux qui ne l'ont pas ne peuuent faire, ſoit que nous l'ayons ou que nous ne l'ayons pas, dequoy ſert de nous corriger puiſque ſi nous auons la grace nous ferons ſans qu'on nous corrige, & ſi nous ne l'auons pas nous ne ferons point, quelque correction qu'on nous puiſſe faire. A quoy ce pere reſpondoit que quelque neceſſaire, & quelque efficace que la grace ſoit, ce n'eſt pas en vain qu'on nous corrige, puis que la grace nous dirige *e* par la voye de la correction, & qu'elle n'exclut pas la voye dont elle vſe pour produire ſon effet, & que la crainte & la douleur que la correction excite naturellement en nous, nous ſeruent à nous amender, pourueu que le Medecin d'en haut nous les rende ſalutaires en les animant de ſa charité, ce qu'il fait quand il luy plaiſt; mais ce qu'il fait neantmoins pour l'ordinaire par la voye de la correction, outre que dans *g* l'incertitude où nous viuons ſi Dieu donnera ſa grace ou s'il ne la donnera pas à ceux que nous corrigeons, nous deuons touſiours faire ce qui dépend de nous, & planter & arrouſer afin qu'il donne quand il luy plaira l'accroiſſement. Et enfin que la correction *h* profite: mais à ceux qui ſont les enfans de la † paix & de la promeſſe, & auſquels ſeuls Dieu donne la grace d'obeyr à la correction. *i* Enquoy ſainct Thomas ſuit ſi exactement ſainct Auguſtin qu'il ſe ſert icy des propres termes de ce Pere. C'eſt de cette meſme verité qu'auec la grace on peut faire & on fait auſſi,

Paul. *Dieu veut que tous les hommes ſoient ſauuez.*

e Liure de la Cor. & de la gr. ch. 13. & 14. l. du don de la perſeu. ch. 14. l. 5. contre Iul. ch. 4. l. de la perf. de la Iuſtice c. 6. l. de la gr. & du fr. arb. ch. 14. & c'eſt ce que S. Auguſtin dit en mil endrois, *quod lex imperat, fides impetrat.*

f En ſes Comment. ſur les ch. 4. & 8. de l. Ep. aux Rom. & ſur le ch. 4. de l'Ep. au Gal. où il reduit touſiours à la foy le commencem. de noſtre iuſtification.

g Au liu. de la Nat. & de la grace ch. 43.

h En la ſeſſ. 6. ch. 11. & quant aux lieux où l'on obiectoit à S. Auguſtin qu'il s'enſuiuroit de ſa doctrine que les Commandemens de Dieu ne ſeroient point poſſibles à tous, ils ſont au Liure 1. des merit des pechez, ch. 3. & 6. l. de la Nat. & de la gr. ch. 7. à la fin, & ch. 12. & 43. l. de la perf. de la Iuſt. ch. 23. 4. 5. 6. & 20. & au l. de la gr. & du fr. arb. ch. 16.

i L. de la corr. & de la gr. ch. 5.

† Par les enfans de la paix & de la promeſſe, i'entens les fidels ſoit qu'ils perſeuerent ſoit qu'ils ne perſeuerent pas.

& que sans la grace ny on ne fait ny on ne peut faire que s'ensuit demonstratiuement tout ce que saint Augustin a dit touchant le franc-arbitre, le destin, la loüange, le merite, la priere, le trauail, la cooperation. Car disoit-on contre ce Saint, si la grace ne nous donne pas seulement de pouuoir faire, où est nostre liberté qui consiste disoit-on à pouuoir faire ou ne faire pas ce que nous deuons faire? N'est-ce pas introduire le destin? où est la loüange & le merite de nos bonnes œuures? qu'auons nous besoin de veiller, de prier, de trauailler? puisque si nous auons la grace nous ferons en quelque estat que nous soyons, & si nous ne l'auons pas, nous ne ferons point de quelque trauail que nous vsions? A quoy ce Pere *l* respondoit que le destin vient des astres & non de Dieu, comme *m* saint Thomas dit apres sainct Augustin, que *n* Dieu, IESVS-CHRIST, *o* les bien-heureux *p* ayment le bien auec liberté quoy qu'ils l'ayment auec necessité, ne gemissans pas mais triomphans dans vne necessité qui accomplit leur liberté, comme saint Thomas *a* dit apres ce Pere, que Iesus-Christ, a merité par cette liberté fixe & inflexible dans le bien, enquoy saint Thomas *b* suit ce Pere encore, qu'il a par tout dessein de suiure, & que la grace est vn aiguillon de sollicitude & de trauail, & non vn pretexte d'oisiueté. C'est de cette mesme verité qu'auec la grace on peut faire & on fait aussi & que sans la grace, ny on ne fait ny on peut faire que s'ensuit demonstratiuement tout ce que saint Augustin a dit touchant les peines & les suites du peché originel

l Là mesme ch. 9. sur la fin & ch. 14.

m La mesme & au ch. 6.

n En la 1. de la 2. qu. 109. art. 8. en la resp. à la 2. obiect.

o Au 2. Liure à Bonif. ch. 5. 6. & l. 1. de l'œuu. Imparf. ch. 8. au l. 5. de la Cité de Dieu, il est amplemẽt traicté de la nature du destin.

p 1. Part. qu. 116 art. 1. à la fin du corps de l'art. où il dit que les Saints Peres reiettoient le mot de destin à cause de ceux qui le rapportoient à la position des astres f. l. 1. de l'œuu. imp. ch. 99. *nunquid enim Deus cogitur velle bonum quia velle non potest malum; quoniam est omnino immutabilis*, & au ch. 100. S. Aug. respond, *ergo nec in Deo est arbitrij libertas, quia malum facere non potest* G. l. de la pred. des Saints, ch. 15. *an ideo in illo* (*Christo Iesu*) *non libera voluntas erat, ac non tanto magis erat, quanto magis peccato seruire non potest* |H. L. 1 de l'œuure Imp. ch. 100. & 101. *Hac necessitate, si necessitas etiam ipsa dicenda est, non premuntur sancti angeli, sed fruuntur nobis autem futura non præsens.*

a En son Comment. sur le 2. du Maistre des Sent. dist. 18. art. 2. au 5. *etiam si esset determinatum* (le franc-arbitre de Iesus-Christ) *ad vnum numero sicut ad diligendum Deum quod non facere non potest, tamen ex hoc non amittit libertatem aut rationem laudis siue meriti*, & il dit le mesme de Dieu en la qu. 10. de la puissance art. 2. au premier & au 2. sur le l. du Maistre des sent dist. 25. art, 1. au 4. Il veut que les bien-heureux soient libres en voulant aymer Dieu, le voir & ioüir de luy.

b Au lieu desia cité.

dont il nous reste encore vne infirmité qui nous fait pecher inevitablement, si elle *c* n'est soustenuë continuellement par la grace du Sauueur. Car, disoit-on contre ce Saint, si la foiblesse qui nous reste du peché originel nous force de pecher, lors que nous n'auons point la grace de luy resister ; comment Dieu n'agit-il point contre sa bonté & contre sa Iustice en condamnant ceux qui n'ont pas fait ce qu'ils n'ont pû faire n'ayant point la grace de le faire? A quoy ce Pere respondoit

c Le Pape Innocent en sa lett. au Conc. de Cart. *necesse est enim*, dit-il, *vt quo auxiliante vincimus, eo iterum non adiuuante vincamur*, & ces paroles sont alleguées dans les articles adioustées à l'Epistre de Celestin aux Euesque de la Gaule, le mesme Innocent dit la mesme chose en sa responce au Concile de Mileue.

d que bien que dans eux-mesmes ils ne l'ayent pû faire, ils l'ont pû faire neantmoins dans leur premier pere, dont ils ont herité la seruitude du peché, c'est à dire la coulpe originelle en consideration de laquelle seule saint Thomas *e* alleguant saint Augustin, dit que Dieu refuse à quelques-vns la grace de pouuoir garder ses commandemens, mais c'est à dire de pouuoir les garder quant à leur fin & non quant à leur substance, car bien que nous ne puissions *f* tousiours les faire par vn motif surnaturel, nous pouuons tousiours les faire par vn motif humain & naturel, auquel cas quoy qu'en faisant le bien exterieurement, nous soyons moins coupables que si nous ne le faisions point du tout, nous ne laissons pas de l'estre encore, pour ce que nous ne le faisons pas interieurement & pour la veritable fin, pour laquelle nous deuons le faire ; d'où il paroist combien est ridicule la subtilité de quelques railleurs des choses saintes desquels vous me parlastes il y a quelque temps ; Il a commis, disent-ils, cette trahison ou cette debauche, pour ce qu'il n'a pas eu la grace de s'en empescher, & cette raillerie est friuole & extrauagante : car il n'est pas besoin de grace pour s'abstenir d'vne trahison ou de tout autre crime par vne consideratiõ humaine, mais pour s'en abstenir par vne consideration diuine dans l'esprit des enfans de Dieu & à la veuë de l'Eternité. Et si on reprochoit à saint Augustin encore qu'il establissoit le Manicheisme, en enseignant que nous naissons tous dans le peché, il respon-

d L. de la perf. de la Iustice ch. 4. *Secuta est peccantem peccatum habendi dura necessitas*, & il dit le mesme en beaucoup d'autres lieux.

e 2. 2. qu. 2. art. 5. en la resp. à la pre. obiect.

f On peut voir le Liure 1. contre Iul. au ch. 3. & le liu. 5. au ch. 8. & c'est en ce sens que S. Augustin dit & les Conciles apres luy, que la grace est necessaire non simplement pour faire le bien : mais pour le bien faire, & il appelle cela *le faire comme il faut*, dans le Manuel au ch. 121. *Le faire droictement* au l. 5. contre Iul. ch. 3. *le faire comme on doit le faire*, au liure de la Cor. & de la gr. ch. 2. *le faire volontairement*, là mesme ch. 4. *Le faire de bon cœur*, au l. 2. de l'œuu. imparf. *Le faire vrayement bien*, sur le Pseaume 138.

doit ; *a* que le mal originel est vne nature selon les Manicheens, & vn vice de la nature selon l'Eglise Catholique. C'est de cette mesme verité qu'auec la grace on peut faire & on fait aussi, & que sans la grace, ny on ne fait, ny on ne peut faire que s'ensuit demonstratiuement tout ce que saint Augustin a dit touchant la bonté des nopces & du mariage, qui en l'estat où sont les hommes font naistre des esclaues de satan & du peché. Car disoit-on contre ce Saint, si les hommes naissent dans le peché & dans la necessité de le commettre, lors qu'ils n'ont point la grace de s'en preseruer, à quoy les nopces seruent-elles bien-souuent sinon à produire le peché & à le faire dominer en ceux qui n'ont point la grace de s'en deliurer? A quoy ce Pere respondoit *b* que la malignité de l'homme ne doit pas empescher le cours de la bonté de Dieu par laquelle il a creé l'homme, & a institué le bien des nopces pour la propagation de l'homme, & au regard de ceux qui n'ont point la grace d'accomplir la loy, si on luy obiectoit encore qu'il s'ensuiuroit de là, que Dieu les auroit creez

a Voyez l'admirable comparaison que S. Aug. fait des Manich. auec les Pelag. & des vns & des autres auec les Catholiques au l. 2. à Bonif. ch. 2. & au l. 4. ch. 4.

b Au l. du peché originel, ch 40. *quam benedictionem naturæ laudabili culpa damnabilis non ademit, quæ licet per Dei punientis iustitiam valuerit vt homines cum peccati originalis vitio nascerentur, non tamen valuit vt homines non nascerentur*, on peut voir aussi les deux liures des nopces, & de la concupiscence, & le 5. liure contre Iul. particulierement au ch. 10. & 11. où les Pelagiens comparent les parens à des parricides, s'ils engendrent des enfans coulpables de la damnation.

pour les damner, il respondoit *c* que tous les hommes ayans merité d'estre damnez par la preuarication de leur premier Pere, Dieu rend aux vns ce qu'il leur doit en les reprouuant, & donne aux autres ce qu'il ne leur doit pas en les sauuant, faisant seruir au salut des vns la reprobation des autres, & vsant de tous pour le parfait ornement de ses ouurages. C'est de cette mesme verité qu'auec la grace on peut faire & on fait aussi, & que sans la grace ny on ne fait ny on ne peut faire que s'ensuit demonstratiuement, tout ce que saint Augustin a dit touchant l'election & la predestination des Saints sans la *d* preuision de leurs merites. Car puisque c'est Dieu qui leur donne le pouuoir & l'action mesme de bien faire ne faut-il pas que de toute eternité, il ait resolu de les leur donner par le regne de sa grace sur leur volonté, & de les donner à ceux qu'il veut, faisant misericorde aux vns

c Au l. 17. de la Cité de Dieu ch. 11. & au l. 5. contre Iul. ch. 4.

d S. Aug. presque par tout, & particulierement dans les Liures de la predestination des Saints, &

du don de la Perseuerance, & il dit en celuy-cy *Orat Ecclesia, vt increduli credant: Deus ergo conuertit eos ad fidem. Orat vt credentes perseuerent, Deus ergo donat perseuerantiam vsque in finem; hac Deus facturum se esse præsciuit, ipsa est prædestinatio sanctorum.*
a Epist. aux Rom. ch. 9. v. 18
b 1. Part. qu. 23. art. 5.

comme dit S. a Paul & endurcissant les autres selõ la hauteur de ses jugemens, & c'est la predestination des Saincts sans la preuision de leurs merites, puisque leurs merites sont la suite & non la cause de leur predestination, comme l'enseigne saint Thomas par article exprés, & ailleurs par occasion. C'est de cette mesme verité, qu'auec la grace on peut faire & on fait aussi, & que sans la grace ny on ne fait ny on ne peut faire que s'ensuit demonstratiuement tout ce que saint Augustin a dit de l'objet, & de l'effet des oraisons & des actions de graces de l'Eglise, en ce qu'elle ne demande pas seulement à Dieu de nous donner de pouuoir faire, mais aussi de nous donner de faire, & que lors que nous auons fait, elle ne luy rend pas graces seulement de ce que nous auons pû faire, mais aussi de ce que nous auons fait.

Voyez donc, voyez MONSEIGNEVR, comment toute la machine de cette doctrine roule comme autour d'vn centre, autour de ce principe, que la grace donne en mesme temps & le faire & le pouuoir faire, en sorte qu'auec elle, & l'on peut faire & l'on fait tout à la fois, & que sans elle ny l'on ne fait, ny l'on ne peut faire, & elle nous donne l'vn & l'autre, afin que l'homme ne se glorifie, ny de pouuoir faire par luy mesme, ny de s'appliquer luy mesme à faire ce qui luy est commandé pour estre iuste deuant Dieu. Ny ie ne dois pas obmettre icy que ç'a esté la mesme vnion de ces deux conditions & de ces deux prerogatiues de la grace, qui a seruy toûjours de regle à sainct Augustin pour l'explication des Escritures sainctes, ou qu'il employoit pour defendre sa doctrine, ou que ses aduersaires luy obiectoient pour la combattre. Ainsi par exemple, lors qu'ils luy opposoient, que si dans vne certaine maniere tous ne pouuoient faire, il s'ensuyuroit que Iesus-Christ ne profiteroit pas à tous ceux ausquels Adam a nuit, & qu'il ne leur profiteroit pas plus qu'Adam ne leur a nuit, contre ce que sainct Paul enseigne, disoient-ils, si manifestement en l'Epistre aux Romains. Il c respondoit, ce que Bellarmin auoüe estre le vray sens de cet Apostre, du consentement mesmes de tous les Catholiques, que sainct Paul entend que comme tous ceux qui sont damnez, le sont par le premier homme, ainsi tous ceux qui sont iustifiez, ne le sont que

c Au L. 2. des Mer. des pechés ch. 30. l. 2. des nopces & de la concupiscence, ch. 27. vers le milieu liu. 6. contre Iul. ch. 4. depuis le milieu iusqu'a la fin, & l. 2. de l'œuure imparfait par plusieurs ch. depuis le 85.

que par le second homme, qui est Iesus-Christ: *Ce qu'il adiouste*, (dit Bellarmin, a parlant de Catarin qui abusoit de ce passage) *qu'il est escrit par la iustice d'vn seul sur tous les hommes en iustification de vie est aussi tres-veritable, mais selon le sens & le consentement commun des Catholiques, on n'entend pas sur tous les hommes simplement, mais sur tous ceux qui renaissent en Iesus-Christ par le baptesme. Car ainsi que tous ceux qui naissent en Adam sont condamnez, de mesmes tous ceux qui renaissent en Iesus-Christ sont iustifiez; C'est pourquoy ce tesmoignage ne fait rien pour les enfans qui meurent sans baptesme.* Et quant à ce qui est dit, que Iesus-Christ doit nous seruir plus qu'Adam ne nous a nuit, sainct Augustin b respondoit que cela regarde les Eleus, qui n'ont herité qu'vn peché d'Adam, mais qui ne leur est pas remis seul par Iesus-Christ, mais encore tous les autres, qu'ils ont commis eux mesmes. Et qu'au lieu qu'Adam n'a pû leur nuire que temporellement, Iesus-Christ doit leur seruir eternellement en les ressuscitant à l'immortalité; & il est ainsi des autres lieux de l'Escriture saincte qu'il seroit trop long de rapporter, & que sainct Augustin expliquoit tousiours en sorte qu'ils ne blessassent point ce fond & ce leuain de toute sa doctrine; que la grace donne en mesme temps & de faire, & de pouuoir faire, de maniere que ceux qui ne l'ont pas, ny ne font, ny ne peuuent faire, comme ceux qui l'ont ne peuuent pas faire seulement, mais aussi font auec infaillibilité.

a Au traicté de la perte de la gr. lib. 6. ch. 3.

b Aux lieux alleguez cy-dessus.

Que si tout le corps & tout l'esprit des opinions de ce Docteur sont renfermez dans l'abbregé que ie viens d'en faire, ceux-là pourroient-ils se glorifier de suiure les pensées de cét excellent maistre, qui dans l'abregé & dans l'enchaisnement que i'en ay fait, ne verroient peut-estre que bien peu de sentimens qui s'accordassent auec les leurs; & à cela i'estime qu'il est à propos d'adiouster encore, que si en ce sommaire des maximes de saint Augustin touchant la grace, il s'en trouue quelques-vnes que les heretiques ne blasment point, cela ne doit pas nous empescher de les receuoir aussi bien qu'eux. Car on ne symbolise pas auec les heretiques en approuuant ce qu'ils ont de commun auec les Catholiques, mais en enseignant auec eux ce qu'ils enſeignent contre les Catholiques, comme quand ils diſent qu'Adam *a* a peché pource que Dieu le vouloit ainſi : que la liberté ne depend *b* point de la deliberation de la raiſon, & que par conſequent les mouuemens ſoudains & indeliberez de la conuoitiſe, ne laiſſent pas d'eſtre vrays pechez ; comme quand ils diſent auec vne audace eſtrange & iniurieuſe à toute l'antiquité Chreſtienne, qu'il faut abolir en l'Egliſe le nom de franc-arbitre dont elle s'eſt touſiours ſeruie ; comme quand ils diſent que *c* ceux qui ont vne fois la grace ne peuuent iamais la perdre ; que toutes nos meilleures œuures, & celles-là meſmes que nous faiſons auec la conduitte de l'eſprit de Dieu, ſont de vrays pechez mortels & coulpables *d* de la damnation, & qu'on ne peut diſſentir à la grace, *quand meſmes on le voudroit* : ce qui eſt vne propoſition abſurde & ridicule, puiſqu'on ne peut diſſentir à la grace, ou non, que ſelon qu'on veut ou qu'on ne veut pas y diſſentir ; Auſſi eſt-ce la meſme propoſition que le *e* Concile de Trente condamne dans Luther au quatriéme Canon de la ſeſſion ſixiéme, & qu'il condamne iuſtement dans cét Hereſiarque, comme l'Egliſe autresfois l'auoit condamnée dans les Pelagiens, qui s'en ſeruoient pour rendre odieuſe la doctrine Catholique, touchant l'efficace victorieuſe de la grace du Sauueur. Toutesfois quant à ce qui regarde l'interpretation de ce fameux Canon, pource que ie me reſerue de l'eſtendre, & de la traiter cy-apres plus particulierement, il me ſuffit icy de l'auoir touchée, & d'auoir deſigné les principaux points dans leſquels les Caluiniſtes & les Lutheriens, ont proprement erré en la doctrine de la grace, dautant que dans ces points ils ont contredit les Peres, & en meſme temps l'Egliſe, qui eſt l'heritiere & la gardienne de la tradition des Peres, d'où il paroiſt que le reproche que l'on fait quelquesfois à quelques Catholiques d'enſeigner touchant la grace, certaines opinions que les Pelagiens ont enſeignées, eſt vn reproche incomparablemẽt plus iuſte que celuy que l'on fait à quelques autres Catholiques d'enſeigner touchant la grace certaines opinions, que les Caluiniſtes & les Lutheriens enſeignent, Car au lieu que les vns enſeignent ce que les Pelagiens ont enſeigné contre les Peres, les autres enſeignent ſeulement,

a Calu. au l. de etern. pred. de Dieu p. 816. edit. de Geneu. 1597. & en la p. 823. du meſme liure, & en ſon Inſtitution l. 3. §. 4. il confeſſe qu'Adam a peché par la predeſtination de Dieu.

b Calu. au l. 3. de ſon Inſtit. c. 3. §. 10.

c Le meſme au l. 3. de ſon Inſtitution c. 2. §. 12.

d Le meſme au l. 3. de ſon Inſtitut c. 14. §. 11

e En l'hiſtoire du Concile depuis la pag. 241. iuſques à 247. de l'edition de Geneu. de l'année 1635. & bien que cette hiſtoire ſoit ſuſpecte en pluſieurs lieux, il eſt euident qu'elle ne peut l'eſtre en celuy-cy, & que par conſequent on s'en peut ſeruir en toute ſeureté.

ce que les Caluinistes & les Lutheriens enseignent auec les Peres & apres les Peres ; & ainsi comme il seroit iuste de condamner ceux qui oseroient soustenir ce que les Pelagiens ont soustenu contre l'ancienne Eglise, & contre les anciens Peres qui en estoient les interpretes, il est iuste de loüer plutost que de blasmer ceux qui soustiennent ce que les Caluinistes ou les Lutheriens soustiennent auec l'ancienne Eglise, & auec les anciens Peres qui en estoient les truchemens & les interpretes ; & partant Loüis de Catanée celebre Theologien de l'Ordre des Dominiquains, ayant au Concile de Trente expliqué & appuyé sur les principes de S. Augustin, & de S. Thomas cette grace du Sauueur, que l'on nomme efficace, pource qu'elle determine inuinciblement nostre volonté, ce seroit vne iniustice tout à fait insupportable de blasmer cette doctrine de ce Religieux, soubs ombre que [a] Iunius Ministre protestant l'a citée, & approuuée en escriuant contre les Sociniens ; puis que ce Religieux ne s'accorde pas auec Iunius dans vn sentiment où cét heretique ait combattu les Peres : mais dans vn sentiment où il les a suiuis tres manifestement. Et en effet l'Histoire nous témoigne que cette Theologie de Loüis de Catanée, qui est loüée par Iunius, fût iugée si solide, & si bien fondée par les plus habiles Peres du Concile de Trente, que ce S. Concile prist de là sujet d'examiner à fond la matiere de la predestination, pour voir en ce mystere la premiere source de cette puissante grace, que Loüis de Catanée auoit defenduë & establie par les Conciles & par les Peres, & qui fait que Dieu regne dans le cœur de ses Esleus, & les discerne en leurs bonnes œuures d'auec les reprouuez.

[a] Iunius en sa refutation des prelections de Socin, de l'edit d'Amsterdan de l'année 1633. p. 349. & 350.

Et pour reuenir à l'enchaisnement de tous les principes, & de toutes les conclusions de la doctrine de S. Aug. en la matiere dont il est question, il me seroit aisé de la faire voir plus amplement & plus particulierement que ie n'ay pû faire iusqu'à cette heure : mais puis que la mesure d'vne lettre ne me permet point de l'entreprendre, ie me contenteray de dire qu'en ce dernier aage de l'Eglise, ceux qui ont pris la liberté de s'esloigner de S. Augustin en quelques points de sa doctrine, ne l'ont fait qu'auec repugnance, &

pour ce qu'ils iugeoient ces mesmes points contraires à la pieté. Que si leur opinion en cela estoit conforme à celle des souuerains Pontifes, & si les Papes aussi bien que ces autheurs Modernes, eussent reconnu dans S. Augustin quelques maximes impies & condamnables ; pourquoy ne les eussent-ils pas marquées ou notées? & pourquoy n'eussent-ils pas censuré plutost ce Pere à cause des erreurs qu'il eût enseignées parmy quelques veritez, que de l'approuuer absoluëment à cause des veritez meslées auec ses erreurs ? Mais en ce rencontre ie ne hesite point à me resoudre, & ie ne doute aucunement de la raison qui a meu les Papes à cette approbation indefinie de S. Augustin, malgré les obiections qu'on luy faisoit lors, & qui sont les mesmes qu'on luy fait encore, n'ait esté la contexture où l'ame simple & indiuisible qu'ils voyoient regner en tous les membres qui forment la structure de la doctrine de ce Pere ; & comme l'ordre qui r'allie si admirablement toutes les parties de ce monde, nous apprend que c'est vn acte pur, ou vne intelligence immaterielle qui en dispose, & en remuë toute la machine: Ainsi l'vnion qui se trouue en tous les chefs de la doctrine de ce Sainct, nous fait voir que c'est l'esprit d'vne mesme verité qui en anime tout le corps, & tous les membres qui le composent. Et il semble bien que Suarez Iesuiste, ce grand Maistre de la Theologie de l'Escole, ait presenty & insinué la connexion des dogmes de S. Augustin, touchant la grace quand il en *a* escrit de cette sorte : *Tout ce que S. Augustin enseigne de la grace, s'il est lié necessairement auec les choses qui sont definies par l'Eglise, doit estre absoluëment suiuy & tenu pour indubitable, pource que l'Eglise approuue tout cela virtuellement, dit ce Docteur, encore qu'elle ne l'approuue pas expressément.*

a Prol. 6. chap. 6. de la grace.

Mais puis qu'vn ouurage ou vn escrit de cette qualité m'empesche de m'estendre sur ce haut sujet de liaison de toutes les opinions Augustiniennes, & ne me permet pas de le traiter comme ie le souhaitterois selon la grandeur de son merite ; ie viens à la quatriéme consideration qui me fait choisir ce Pere entre tous les autres pour interprete du Concile. Cette raison est, que les Heretiques de ce temps ayans accoustumé d'employer toutes les forces de leur esprit &

de leur sçauoir, contre les definitions de ce S. Concile, il n'y a personne qui ose nier que le vray moyen de conuaincre ces rebelles, est de leur alleguer que ce Concile n'a rien aduancé ny rien definy aux matieres de la Foy, qui ne se trouue tres conforme aux enseignemens de l'antiquité, autrement que deuiendroit la declaration si Sainte que ce Concile fait, *a* & en general des matieres de la Foy, & en particulier de celles de la grace, que pour la decision des controuerses de son temps, il ne veut rien dire ny enseigner que ce qui l'auoit esté dé-ja par l'Escriture Sainte, par les traditions Apostoliques, par les Conciles approuuez par les Saints Peres, & par le consentement de l'Eglise Catholique? par où il entend l'vniformité de la creance de l'Eglise Catholique, depuis son commencement iusques à maintenant, ce qu'il exprime ailleurs par ces paroles, *la doctrine saine & veritable que l'Eglise Catholique a tousiours retenuë par la suggestion du S. Esprit.* Et cette maxime estant establie, posons MONSEIGNEVR, que les aduersaires de la verité, selon leur hardiesse accoustumée, imputent au Concile d'auoir erré en ce qu'il enseigne de la grace & de la predestination; Et en ce cas, qui arriue assez souuent, ie vous demande & à toute personne raisonnable, si la plus courte voye & la plus seure pour les refuter, & pour leur fermer d'abord la bouche, n'est pas de leur soustenir & de leur monstrer, qu'en ce point aussi-bien qu'aux autres, le Concile n'a rien dit que ce qu'auoient dit deuant luy les Conciles & les Peres, & entr'eux le grand sainct Augustin, l'organe en ce suiet, & la voix de l'ancienne Eglise, pour parler auec du Perron; & sans contredit le plus sçauant & le plus authorisé de tous les Peres dans les mysteres de la grace, & de la predestination. Et au contraire ne seroit-ce pas vne imprudence, vne legereté & vne preuarication non pardonnable, sur tout à vn Prestre, ou à vn Docteur, sans vne absoluë manifeste & incuitable necessité, d'auoüer aux Heretiques, ou de leur donner lieu de croire que leur opinion & non celle du Concile, est l'opinion de sainct Augustin? & ne seroit-ce pas en mesme temps les rendre insupportables à l'Eglise Catholique, en leur donnant occasion de se vanter comme ils feroient sans doute, de n'auoir esté excommuniez ou con-

a Voyez cy-dessus fol. 6. verso.

En la Preface du Decret de la 6. Sess. *Et Ecclesia Catholica Spiritu sancto suggerente perpetuò retinuit.*

damnez par le Concile en la matiere de la grace, que pource qu'ils suiuoient en ce suiet la doctrine de sainct Augustin, tant de fois authorisée par nos Conciles & par nos Papes, comme nous venons de le monstrer ? A vostre aduis MONSEIGNEVR, quelle victoire & quel triomphe ne chanteroient ils pas, s'ils nous voyoient reduits vn iour à cette fascheuse extremité ? ne publieroient ils pas ou ne crieroient ils pas à tout moment, que nous auons enfin perdu le fil de la tradition Ecclesiastique, que nous nous glorifions de suiure auec tant de faste & auec tant de vanité? ne publieroiẽt ils pas & ne prescheroient-ils pas incessamment que cette ligne, ou cette trace de la tradition des Peres, où nous pretendions en toutes choses auoir marché iusques à cette heure, nous sont deuenuës maintenant ou inconnuës ou contemptibles ? Car aussi pourroient-ils nous dire auec tant de vray semblance, ce fil, ce canal, & ce courant de la tradition touchant la grace, où paroissent ils sinon dans les œuures & dans les volumes immenses de sainct Augustin, qui sont comme vn centre où se rapportent, apres l'Escriture saincte, tous les temps, & tous les lieux, tous les Conciles & tous les Peres, pour y découurir les tresors celestes de la grace du Sauueur? Vrayement MONSEIGNEVR, plus i'enuisage attentiuement cet inconuenient horrible où plusieurs se mettent en peril de tomber sans y penser, & plus ie me persuade que nous ne sçaurions rendre aux Rebelles de l'Eglise vn plus signalé seruice que de nous y precipiter; & c'est le danger, c'est le desordre où vise sans doute le grand Baronius, en parlant ainsi dans ses Annales Ecclesiastiques. *Puis donc que l'on a condamné par tout l'opinion de Fauste en l'Eglise Catholique, que certains nouueaux Docteurs auisent auec quel peril ils abandonnent le sentiment de sainct Augustin, touchant la grace & la predestination, en combattant les Heretiques principalement, puisque nous ne manquons point d'armes pour surmonter nos aduersaires.*

Sur l'année 490. pag. 455.

Mais ce qui augmente icy la crainte ou l'apprehension qui m'est commune auec ce grand Prelat, & ce qui la fortifie beaucoup plus que ie ne sçaurois vous l'exprimer, ie ne veux point vous le celer. C'est que lors que ceux qui ont erré touchant la grace, disputoient auec sainct Augustin, ny eux, ny luy, n'ont iamais veu d'opinion moyenne entre la leur & celle de ce Pere, d'où il semble qu'on doiue recueillir selon le iugement de toute l'antiquité, qu'on ne peut abandonner l'opinion de sainct Augustin, sans tomber en celle des Autheurs qu'il a combattus, puisque la plus docte antiquité ne connût iamais aucun milieu entre l'opinion de ce Docteur, & celle de ses aduersaires. Et si cette consequence est veritable, comme elle paroist l'estre, au mesme instant que nous auoüerons aux heretiques que l'Eglise ou le Concile se sont éloignez de sainct Augustin, nous leur donnerons lieu de croire que l'Eglise & le Concile fauorisent l'opinion de ceux que ce Pere a refutez, & dont les liures ont esté mis par les Papes mesmes au rang des Apocryphes. A Dieu ne plaise MONSEIGNEVR, que nous soustenions par ce moyen le party des Heretiques en essayant de l'affoiblir, & que sous couleur de les combattre, nous leur donnions des auantages si considerables sur l'Eglise qu'ils ont dechirée, & dont ils ont troublé la paix par vne execrable rebellion. Et en effet, MONSEIGNEVR, regardons encore de plus pres, & pesons encore, s'il vous plaist, auec plus de maturité le raisonnement que ie viens de faire; si on eut conceu, ou si on eut pû conceuoir quelque milieu entre l'opinion de sainct Augustin & celle de ses aduersaires, ne se fut il pas aussi troué des Docteurs comme mitoyens entre ses aduersaires & luy, c'est à dire entre sainct Augustin, sainct Prosper & sainct Fulgence d'vne-part, & Gennadius, Fauste & Cassien de l'autre? Mais qui a iamais ouy parler en l'antiquité de tels Docteurs, qui ayent fait vn entre-deux, & comme vne bande mitoyenne entre les deux ordres & les deux rangs d'Escriuains que i'ay designez?

En bonne foy, MONSEIGNEVR, est il croyable que cette antiquité sçauante & exercée durant tant d'années dans les disputes de la grace & de la predestination diuine, n'ait pû voir la voye du milieu, que quelques-vns pensent auoir trouuée, & que les esprits les plus mediocres peuuent aisement imaginer; & voulez vous le voir bien clairement? Les Semipelagiens, à ce que pretendent quelques-vns, vouloient que l'on pût croire sans la grace, sainct Augustin veut que pour croire nous ayons vne grace qui nous determine à croire, & le milieu de ces extremitez est, que pour croire nous auons vne grace qui ne nous determine point à croire, mais auec laquelle nous pouuons croire ou ne croire pas, comme bon nous semble. Pour Dieu, MONSEIGNEVR, iugez en auec la candeur & auec la sincerité d'vn Pere de l'Eglise. I'appelle icy vostre conscience & vostre pieté qui ne me seront iamais suspectes; ce temperament est il si subtil, si profond, si releué, que la plus éclairée antiquité n'ait pû iamais s'en auiser? O Dieu! ô Pere des lumieres, emplissez, embrasez nos cœurs de cet amour de la verité, qui est le charactere & l'esprit de vos enfans & le fondement de vostre Eglise! Certes MONSEIGNEVR, si sainct Augustin eut trouué & aprouué ce temperament, qu'il est si facile de trouuer, toutes les obiections, toutes les plaintes & toutes les declamations tragiques de ses aduersaires n'eussent elles pas cessé d'abord? S'il eut enseigné ou s'il eut aprouué, que l'on enseignast que nous auons toûjours vne ayde ou vne grace, à laquelle il depend de nous simplement, de consentir ou de ne consentir pas ainsi que bon nous semble, ne luy eut on pas a obiecté ridiculement qu'il s'en suiuroit de là que Iesus-Christ ne seroit point mort pour tous, que Dieu ne voudroit point nous sauuer tous, que sa loy ne seroit point possible à tous, qu'il seroit inutile de nous corriger, de nous prescher & de nous exhorter, qu'il n'y auroit point de liberté, qu'on establiroit la destinée, qu'on osteroit la loüange & le merite de nos bonnes œuures, qu'il seroit superflus de prier, de trauailler, que Dieu nous creéroit pour nous damner, & que le b baptesme n'effaceroit pas entierement le peché originel. Ouy, MONSEIGNEVR, n'eut on pas obiecté follement toutes ces choses à la doctrine de sainct Augustin, s'il eut enseigné, ou s'il eut aprouué que l'on enseignast que tous ont vne grace, à laquelle ils peuuent consentir ou ne consentir pas comme il leur plaist, quel destin ie vous supplie, quelle necessité y a il en cela? quelle ruine de la liberté? quel empeschement que Iesus-Christ ne soit mort pour tous? que Dieu ne nous veüille sauuer tous? que tous ne puissent obseruer ses Commandemens? que la predication, que la correction, que l'exhortation, que le trauail, que

a Voyez cy-dessus l'endroit où est expliqué l'enchainemēt de la Doctrine de S. Aug. & où l'on voit aussi ce que luy obiectoient ses aduersaires, & les responses qu'il faisoit à leurs obiectiōs

b S. Aug. au l. 3. à Bonif. ch. 3. S. Prosp. en la seconde obi. des Gaulois, & le Predestinatus qui estoit visiblemēt de leur opinion, represente ainsi cette obiection, *Dicunt baptismatis vndam non vniuersa peccata mundare.*

que l'oraison, ne nous aydent à nous sauuer? qu'on ne merite & qu'on ne soit loüable en faisant le bien que l'on a pû ne faire pas, auec vne grace dont on n'vse pas, & dont on vse comme on veut? Comment enfin inferer de là que Dieu en créeroit quelques-vns pour les damner, & qu'il ne les laueroit pas suffisamment de la coulpe originelle, afin qu'elle ne les empeschast pas de se sauuer? Et S. Augustin, pour ainsi dire, eut il esté S. Augustin, ou s'il n'eust pas veu cette voye mitoyenne qu'il estoit si aisé de voir, ou si en la voyant il ne l'eut pas suiuie, croyant la pouuoir suiure sans preiudice de la foy?

Et pour les aduersaires de ce Pere, estant certain qu'ils ont connu cette grace dependante de nostre franc-arbitre, & dont il se sert comme il luy plaist: Ie vous confesse ingenuëment qu'il m'est impossible de comprendre qu'ils ayent pû la reietter, puis qu'elle ne blessoit aucuns des principes, & des fondemens de leur doctrine que ie vous ay representez. Et quand ils disoient que nous croyons, ou par la nature, ou par le franc-arbitre, i'estime qu'ils entendoient par là, que nous pouuons croire en nous y determinant par nostre franc-arbitre entant qu'il vse de la grace, ou qu'il n'en vse pas comme il luy plaist; comme quand S. Augustin *a* dit des Anges & du premier homme, qu'ils faisoient le bien par leur franc-arbitre, & par leur volonté; il entend par là qu'ils faisoient le bien en s'y determinant eux mesmes par leur volonté, & par leur franc-arbitre, en ce qu'ils vsoient comme ils vouloient d'vne grace dependante de leur franc-arbitre & de leur volonté, & puis que les aduersaires de ce Saint, comme on voit dans Fauste *b* & dans *c* Cassien, disoient & supposoient par tout comme vne verité constante & indubitable, qu'il est necessaire que nous agissions ou par le franc-arbitre, ou par vne grace qui le force & le violente; car ils parloient ainsi de la grace qui nous determine auec vne tres douce, bien que insuperable suauité, il s'ensuit infailliblement de là que dãs le mot de franc-arbitre, ils ont enuelopé la grace qui depend du franc-arbitre, & dont il vse ainsi qu'il veut, car autrement ils n'auroient pas crû ou supposé qu'il est necessaire que nous agissions par l'vne de ces deux voyes seules, ou par le franc-arbitre, ou par la grace qui le determine; Mais il est

a L. de la Corr. & de la gr. ch. 10. vers la fin, & en beaucoup d'autres lieux.

b Cela paroist par le titre seul des liures de Fauste qui est tel selon le R. P. Sirmond. *Professio fidei contra eos qui dum per solam Dei voluntatẽ alios dicunt ad vitam trahi, alios in mortem deprimi.*

manifeste qu'ils auroient dû dire ou supposer que nous ne pouuons agir que par l'vn de ces trois principes, & par l'vne de ces trois voyes, à sçauoir ou par le franc-arbitre, ou par la grace qui le determine, ou par la grace qui ne le determine point; ce qu'ils n'ont iamais dit, ny crû, ny enseigné, ny supposé. Que si nous demeurons d'accord comme il est veritable, aussi que par le mot de franc-arbitre, ils n'excluoient point la grace qui ne le determine point; en ce cas, il est euident qu'ils auoient raison de croire, d'enseigner & de supposer comme ils faisoient par tout, que nous ne pouuons agir que par l'vne de ces voyes, ou par le franc-arbitre, ou par la grace qui le determine. Car c'est ainsi que s'ils eussent dit que nous ne pouuons agir que par le franc-arbitre, appliquant la grace, ou par la grace appliquant le franc-arbitre, ou par le franc-arbitre appliquant la grace, & s'en seruant comme il luy plaist, ou par la grace appliquant le franc-arbitre & en vsant comme elle veut; & de là vient que par le mot de grace, à le prendre au sens des Catholiques, ils entendoient tousiours vne impression ou vne motion diuine qui violentoit la volonté, pour me seruir de leurs paroles, ou qui la contreignoit d'agir, c'est à dire qui l'y determinoit : & lors qu'ils obiectoient à S. Augustin, & à ses disciples, pour monstrer qu'il depend de nous absoluëment de receuoir la grace ou de luy resister, ces mots de S. Estienne *d* dans les Actes des Apostres, *Vous auez tousiours resisté au S. Esprit*, qui doute que là par le mot de S. Esprit, ils n'entendissent toutes les manieres soit externes, soit internes dont le S. Esprit nous sollicite; pourueu qu'il ne nous determine point, & qu'il nous laisse la disposition entiere de nostre volonté? Et quand S. Augustin & ses disciples suiuant l'analogie de toute leur doctrine, entendoient là par le mot de S. Esprit vne grace externe, ils ne l'appelloient pas externe pource qu'elle ne se forme point interieurement dans les facultez de l'ame, ce qu'il eût esté ridicule de penser; Mais ils l'appelloient vne grace externe en tant qu'elle est tout ensemble dans l'ame & hors de l'ame; qu'elle est en l'ame en ce qu'elle se forme en l'ame, & hors de l'ame, en ce qu'elle ne regne point sur l'ame, & ne la determine point à son action : ou pour m'expliquer en autres termes, ils l'appelloient vne grace externe, pource que bien

hinc FATVM *cum gentibus asserunt, inde* LIBERVM ARBITRIVM *cum Manichæis negant.* qui ne voit que Fauste là, suppose que nous ne pouuons agir que par l'vn de ces principes, à sçauoir ou par le frãc-arbitre, ou par vne grace qui le determine, & qu'il appelle destinée. Et c'est aussi ce que suppose le Predestinatus quand il dit, *videamus vtrum vos dicitis, (confessiones peccatorum) ab homine exigantur* INVITO. *An* à VOLVNTARIO *flagitẽtur obsequio.* *e* Cassien ayant voulu trouuer vn temperament entre l'opinion des Catholiques, & celle des Semipelag. enseigne que Dieu en tire les vns par force, & les autres par le franc-arbitre, où il reconnoit que nous ne pouuons agir que par deux voyes; dont l'vne est

qu'elle soit en nous, en tant qu'elle reside en nous, on peut dire aussi qu'elle est hors de nous en tant qu'il depend de nous, ou de la reietter en y dissentant, ou de la receuoir plus intimement encore en y consentant; mais en y consentant par vne grace vrayement interne en ce qu'elle regne sur nostre ame, & la fait agir comme il luy plaist. Et ils appelloient pareillement vne grace externe, toute grace qui ne nous determine point, pour ce qu'en cela mesme qu'elle ne nous determine point, elle agit de la mesme sorte que les graces dont la cause ou dont le principe est hors de nous: d'où vient que S. Augustin a mis au rang des graces exterieures, toutes les reuelations qui ne nous determinent point au bien, sans excepter celles qui procedent immediatement de Dieu, & il les renferme dans le genre des graces exterieures pour ce qu'en cela mesme qu'elles ne determinent point au bien, elles agissent à la maniere des graces exterieures qui nous sont données par l'entremise des Anges où des hommes, & des autres creatures sensibles & corporelles. D'où ie recueille que la grace de nostre premier Pere à laquelle il dependoit de luy de consentir ou de ne consentir pas *e*, non au premier instant qu'elle luy fût infuse, mais aux instans suiuans ausquels il deuoit la conseruer, se pouuoit dire interieure, & exterieure tout ensemble; interieure, en ce qu'il auoit des mouuemens qui luy estoient inspirez immediatement de Dieu, & exterieure, en ce qu'il dependoit de luy de la conseruer en perseuerant à y consentir, & en ce qu'elle agissoit aussi à la maniere des graces exterieures qui luy estoient données par la voye des choses apparentes, & par les obiets externes de ses sens.

Mais quoy qu'il en soit de cette maniere de parler, & de l'vsage de ces termes de grace interieure ou exterieure, S. Augustin dans le grand Liure qu'il a composé de la correction & de la grace, ayant enseigné & expliqué cette espece de grace interne qu'il attribuë au premier homme, ses aduersaires *f* aduoüerent qu'ils n'auoient rien à dire ou a obie-

le franc-arbitre que la grace ne determine point, & l'autre est la grace qu'il appelle force ou violence, entant qu'elle determine le franc-arbitre.

d Fauste au 2. l. de la gr. & du fr. arb. ch. 5. *quorum duritiam*, dit-il, *etiam Beatus Stephanus pari auctoritate increpat dicens Incircumcisi corde, & auribus vos Spiritui sancto semper restitistis? Ecce quare videre non possunt quia Spiritui sancto resistunt atque à se clausis sponte oculis lumen veritatis excludunt.*

e L'Autheur ne parle point icy de la grace habituelle: mais de la grace actuelle d'Adam.

f En l'Epistre d'Hyl. à S. Aug *ad illã volũtatem*, dit-il, *pertinuisse dicunt* exhortationis *vel* comminationis *vtilitatẽ* qui estoit aidée *qua & persistendi & disistendi obtinebat liberam potestatẽ* (C'estoit la volonté d'Adam d'vne grace dont elle vsoit comme elle vouloit) *non adhanc cui nolle iustitiam*, INEVITABILI NECESSITATE *coniunctum est*, c'est nostre volonté dont il parloit, ainsi pour ce qu'elle est determinée par la grace selon les Catholiques.

ᵭer contre vne grace de cette qualité, & que puis qu'il dependoit de nous de la receuoir ou de la repousser, elle n'empeschoit point l'vtilité de la correction ou de l'exhortation, ny par consequent la subsistance ou l'exercice de nostre liberté, d'où il paroist à vn esprit non preoccupé, que celle-là n'estoit point la grace qu'ils fuyoient auec tant d'horreur, contre laquelle ils disputoient auec tant d'aigreur, & qu'ils refusoient si opiniastrement contre l'Eglise mesme d'approuuer & d'embrasser. Et comment donc, me dira quelqu'vn, appelloient-ils la grace qu'ils reconnoissoient sans difficulté, ils l'appelloient vne grace initiale *a*, generale *b*, de vocation *c*, d'occasion *d*, & de suasion *e*, soit exterieure, soit interieure; d'où vient que lors que sainct Augustin ne se contentoit pas de cette grace de suasion, qui depend de nostre volonté, au lieu d'vne suasion il n'en demandoit pas vne autre, ou au lieu d'vne exterieure il n'en demandoit pas vne interieure, mais au lieu d'vne suasion simple qui laissast nostre volonté irresoluë, & suspenduë, il demandoit vne vraye persuasion qui flechit nostre volonté & qui nous determinast à faire insuperablement tout ce que Dieu veut que nous fassions. Ainsi Pelagius *f* ayant expliqué de cette sorte la grace qu'il reconnoissoit. *Dieu nous ayde par sa doctrine & par sa reuelation, lors qu'il ouure les yeux de nostre cœur, lors qu'il nous monstre les choses à venir afin que nous ne soyons pas occupez par les presentes, lors qu'il nous descouure les embusches du demon, lors qu'il nous illumine par vn don diuers & ineffable de sa grace celeste* : & ayant adiousté, *celuy qui dit cecy te semble-t'il qu'il nie la grace, ou plustost ne confesse il pas tout à la fois & la grace de Dieu & le franc-arbitre de l'homme* *g*, & ailleurs? le mesme Hieresiarque ayant dit encore, *Dieu opere en nous le vouloir du bien & le vouloir des choses saintes lors qu'estant addonnez aux cupiditez terrestres & n'aymant que les biens presens à la façon des bestes brutes, il nous enflame par la promesse de ses recompenses & par la grãdeur de la gloire future lors qu'il reueille nostre volonté froide & engourdie au desir de Dieu par la reuelation de sa sagesse. Et enfin ce que tu ne crains pas de nier ailleurs, lors qu'il nous conseille tout ce qui est bon.* Et enfin le mesme Pelagius *h* au regard de toutes ces choses qu'il fait dependre de la grace, ayant dit en termes tous formels, *Ie ne mets pas la*

a En l'Ep. de Prosp. à Hil.
b S. Prosper en son Poëm. de ingratis.
c En l'Epist. de S. Prosp. à S. Aug. & en celle d'Hylaire au mesme S. Aug.
d Cassien. au l. 12. c. 14.
e S. Aug. en l'Ep. à Vital.
f En S. Aug. au l. de la gr. de Iesus-Christ, ch. 7.
g Au mesme Liure ch. 10.
h Au mesme Liure ch. 7. au commenc.

grace seulement en la loy, comme tu penses mais außi, dans le secours de Dieu. Saint Augustin ne laisse pas de le refuter & de luy respondre en cette sorte pour effacer le fard dont cét heretique auoit plastré l'idole de sa grace, *Nous voulons* dit *a* saint Augustin, *que celuy-cy nous confesse cette grace par laquelle la grandeur de la gloire future n'est pas seulement promise, mais außi crüe & esperée,* & par *laquelle la sagesse n'est pas reuelée seulement, mais außi aymée, & par laquelle Dieu ne nous CONSEILLE b pas seulement tout ce qui est bon, mais außi nous le PERSVADE* Car la foy n'est *point de tous ceux qui entendent Dieu, nous promettant par les escritures le Royaume des Cieux, ny on ne persuade pas de venir außi à tous ceux qui sont inuitez de venir à celuy qui dit venez à moy vous tous qui trauaillez: & quant à ceux ausquels appartient la foy & ausquels il est persuadé de venir à luy, il les designe luy-mesme quand il dit, Personne ne vient à moy si mon Pere qui m'a enuoyé, ne le tire: & vn peu apres parlant de ceux qui ne croyoient point, Ie vous ay dit que personne ne peut venir à moy,* dit-il, *s'il ne luy a esté donné de mon Pere, il faut que Pelagius confesse cette grace, s'il veut non seulement estre appellé Chrestien, mais außi l'estre en effet.* Et pour monstrer que saint Augustin met icy parmy les graces qui ne sont point proprement celles du Sauueur, les reuelations mesmes que Dieu verse en nostre cœur sans l'entremise d'aucune creature, il allegue les reuelations sublimes qui auoient esté faites à saint Paul par l'esprit de Dieu, & qui estoient si eloignées neantmoins d'estre la veritable grace de nostre liberateur qu'elles eussent nuit plustost à ce grand Apostre, que de luy profiter, si elles n'eussent esté accompagnées de cette singuliere grace qui est *c* la grace proprement Chrestienne. c'est à dire du tres-doux & tres-lumineux don de la charité ainsi que dit saint Augustin. Et comme le mesme Saint ne reconnoit que deux moyens *d* seuls par lesquels nous apprenõs de Dieu, dont l'vn est la loy, & l'autre est l'esprit, puis que

a Là mesme chap. 10.

b *Nec* SVADETVR *solum omne quod bonum est, verum &* PERSVADETVR. Il faut obseruer l'opposition de ces deux mots, SVADETVR ET PERSVADETVR qui ne se peut bien exprimer en la langue Françoise.

c Au l. 4. à Bonif. ch. 4. *Legem quippe diuersis locutionum modis, & varietate verborum in omnibus disputationibus suis volunt intelligi gratiam, vt scilicet à Domino Deo adiutorium cognitionis habeamus, quo ea quæ facienda sunt nouerimus, non inspirationem dilectionis, vt cognita sancto amore faciamus, quæ* PROPRIA GRATIA *est.*

d Au l. de la gr. de Iesus-Christ, *qui ergo non venerit,* dit-il, *non de illo rectè dicitur audiuit quidem & didicit sibi esse veniendum, sed facere non vult quod didicit, prorsus non rectè dicitur de isto dicendi modo quo per gratiam docet Deus. Si enim sicut veritas loquitur, omnis qui didicit venit, quis-*

quis non venit profectò nec didicit, on peut voir aussi là dessus vn autre admirable lieu au ch. 157. du 2. l. de l'œuure Imp.

e En l'Epistre de Pelag. à Paulin que cét heretique cite luy mesme en vn autre Liure pour monstrer qu'il croyoit que sans la grace où sans le secours de Dieu, nous ne pouuons faire aucun bien, *legant*, dit-il, *illam epistolam quam ad sanctum virum Paulinum Episcopum ante duodecim fere annos scripsimus, quæ trecentis forte versibus nihil aliud quam Dei gratiam, & auxilium confitetur, nosque nihil omnino boni facere posse sine Deo.*

selon ce mesme Pere, tous ceux qui apprennent selon l'esprit sont determinez à faire ; il s'ensuit delà manifestement que tous ceux qui ne le sont point n'apprennent que selon la loy, & que par consequent, il a compris sous le nom de loy toutes les aydes ou toutes les graces soit internes, soit externes, qui ne nous determinent point à faire, & qui laissent nostre franc-arbitre dans la liberté de se mouuoir comme il luy plaist. On dira peut-estre que Pelagius, quelque grace qu'il admit, n'auoüoit pas qu'elle fut necessaire pour garder la loy & pour le pouuoir absolument, mais pour le pouuoir auec plus de facilité. A la verité, MONSEIGNEVR, il n'y a personne que ie sçache parmy les Catholiques, qui tienne expressement cette conclusion de Pelagius, mais outre qu'il ne l'a pas tousiours auoüée expressement luy-mesme, à dire vray il est à craindre qu'on ne la reçoiue generalement & confusement, si on approuue le principe d'où cét heretique la tiroit, & le principe qui obligeoit cét heresiarque fin & ingenieux à dire que la grace, ou le secours de Dieu n'estoient point necessaire, pour garder la loy de Dieu, est que l'hõme en quelque état qu'il soit ne peut-estre obligé de garder la loy s'il n'a le pouuoir de la garder. Car ce fondement estant posé cét heretique raisonnoit ainsi; L'homme n'estant point obligé de faire ce qui luy est impossible, quand il luy seroit impossible par sa faute, comme il est obligé naturellement de garder la Loy, il faut qu'il ait aussi naturellement le pouuoir de la garder, & comme on ne doit que ce qu'on peut, il s'ensuit delà que soit que Iesus-Christ vint ou qu'il ne vint pas, nous eussions peu garder la Loy, puis que nous l'eussiõs deu, soit qu'il vint ou qu'il ne vint pas, & en supposant, disoit en substance

f S. Aug. au l. de la nat. & de la gr. ch. 10. sur la fin.

Pelagius, que tous les hommes peuuent-estre sans peché & qu'ils peuuent tous garder la loy, ie n'exclus pas le moyen par lequel ils peuuent la garder, soit qu'on *f* appelle ce moyen, ou vne grace, ou vne ayde, ou vne misericorde, mais ie dis que comme il eſt naturel à l'oyſeau *a* d'auoir des aiſles pour voler, pource qu'il eſt de ſa nature de voler, de meſme il eſt naturel à l'homme d'auoir les moyens de garder la loy, puiſqu'il luy eſt naturel d'eſtre obligé de la garder, & qu'il n'y ſeroit pas obligé comme il l'eſt touſiours s'il ne le pouuoit: & en effet ſi l'homme eſt obligé naturellement en quelque eſtat qu'il ſoit de garder la loy de Dieu, & s'il n'y eſt, ſelon les Pelagiens, obligé que lors qu'il le peut; cette obligation & cette puiſſance de garder la loy, qui ſont inſeparablemẽt cõiointes, doiuent eſtre également auſſi l'vne & l'autre naturelles; d'où ces heretiques concluoient qu'elles ne dependoient point ny d'vn bienfait ſurnaturel de Dieu, ny des merites de Ieſus-Chriſt, qui n'a ſouffert que pour nous acquerir des biens qui ſont de l'ordre de la grace & qui excedent celuy de la nature. Et les Catholiques au contraire *b* ſuppoſans que l'homme eſt obligé de garder la loy, bien qu'il ne le puiſſe en l'eſtat où il eſt, eſtant tombé dans cette impuiſſance par ſa faute, enſeignoient en ſuitte de cette maxime que nous auons beſoin d'vn mediateur pour nous deliurer de cette infirmité, & que c'eſt par la force de ſa grace qu'il nous en deliure, en faiſant auec ſa grace, que la loy ſoit vn inſtrument de vie & de iuſtice, au lieu que ſans la grace, ſelon ſainct Paul, elle eſt vn inſtrument de mort & de damnation. *c La lettre tuë*, dit-il, *c'eſt l'eſprit qui viuifie, la loy opere l'ire, la loy eſt la puiſſance du peché*. D'où nous aprenons qu'on ne peut dire que ſi l'homme n'auoit point la grace, il ne ſeroit point obligé de garder la loy, & ne pecheroit point en la violant, puiſque la loy n'opere l'ire qu'en tant qu'elle nous fait pecher, lors que nous n'auons point la grace qui nous donne ſeule le pouuoir de garder la loy, & de ne point pecher. Que ceux-là donc qui diſent que la loy ſans la grace n'opere pas vne iuſtice ſurnaturelle, mais vne iuſtice naturelle, prennent garde que l'Apoſtre ne dit pas que la loy ſans la grace opere vne iuſtice na-

a là meſme ch. 11.

b S. Aug. entr'autres lieux preſque en tout le liure de la perfect. de la Iuſt. & S. Thomas apres luy en la 1. de la 2. qu. 109. art. 8. S'eſtãt obiecté cette maxime, perſonne ne peche en ce qu'il ne peut euiter, *Ie reſpons*, dit-il, *que l'homme peut bien euiter chaque peché en particulier*, (c'eſt à dire en reprimant vne paſſion par vne autre, *Mais il ne peut pas neantmoins les euiter tous ſinon par la grace, comme il a eſté dit, & pource que c'eſt* PAR SON DEFAVT, *qu'il ne peut ſe preparer pour auoir la grace*, A CAVSE DE CELA IL N'EST PAS EXCVSABLE DE CE QVE SANS LA GRACE IL NE PEVT EVITER LE PECHE.

c S. Aug. explique ainſi ces paroles de l'Apoſtre en tout le liure de l'eſprit & de la lettre au l. de la gr. & du fr. arb. ch. 4. & 18. au l. de la Corr. & de la gr. ch. 1. & en vn infinité d'autres lieux.

turelle, mais qu'elle opere l'ire, c'est à dire l'iniustice & la damnation. Qu'ils prennent garde que l'Apostre ne dit pas que la loy sans la grace est la vertu d'vne iustice naturelle, mais qu'elle est la vertu & la force du peché. Qu'ils prennent garde que l'Apostre ne dit pas que la loy sans la grace est entrée pour faire abonder vne iustice naturelle, mais qu'elle est entrée pour faire abonder le peché, & que où le peché a abondé, la grace a abondé encore dauantage. Qu'ils prennent garde que l'Apostre ne dit pas que la loy sans la grace a esté mise pour l'obseruation d'vne iustice naturelle, mais qu'elle a esté mise pour la transgression. Qu'ils prennent garde enfin que l'Apostre ne dit pas que la lettre sans l'esprit nous donne vne iustice ou vne vie naturelle, mais qu'elle tuë & nous precipite dans le peché & dans la mort. Et quant à ceux qui disent que Dieu seroit iniuste, s'il ne nous donnoit la grace d'accomplir sa loy, qu'ils pensent bien à ce qu'ils disent, & à quelle estrange extremité ils se laissent emporter. Car en quelque cas que l'on s'imagine, puisque Dieu ne peut se dispenser de faire ce qu'il fait par sa iustice, il s'ensuit de là necessairement que s'il donnoit par sa iustice le pouuoir de nous sauuer, il eut tousiours deu nous le donner, quoy qu'il fit iamais, & quoy qu'il pût iamais faire, soit qu'il eut resolu de nous enuoyer son fils, ou de ne l'enuoyer pas.

Et ainsi, MONSEIGNEVR, ce qui seroit vn blaspheme horrible & abominable en la bouche des Chrestiens, quelque grande que puisse estre la corruption où nous naissons, Dieu n'vseroit pas en nostre endroit de sa misericorde, mais de sa iustice, en nous donnant le pouuoir de nous sauuer & de nous deliurer de nostre corruption. Mais ie ne puis m'exempter d'obseruer en ce rencontre, qu'il y auoit cette difference entre les Pelagiens parfaits, & ceux qu'on appelle Semipelagiens, que selon les Pelagiens parfaits, tous ont directement le pouuoir d'accomplir la loy, & que selon les Semipelagiens tous l'ont au moins indirectement, en ce qu'ils le peuuent demander & l'obtenir en le demandant par le motif d'vne viue foy. Et quant à la doctrine Catholique en ce sujet, bien que selon sainct Augustin, tous ne puissent demander à Dieu sa grace par vn motif filial & par le principe de sa charité, tous le le peuuent demander selon le mesme *a* Pere par vn motif seruile & par le principe de la crainte des iugemens de Dieu, & tous le peuuent supplier dans l'esprit de ses esclaues, s'ils ne le peuuent faire encore dans l'esprit de ses enfans. Et ainsi selon les Pelagiens, tous ne peuuent pas seulement demander de faire, mais aussi faire. Selon les Semipelagiens, tous le peuuent demander en esprit d'enfans, & selon les Catholiques tous le peuuent demander en esprit d'esclaues, bien qu'ils ne le puissent en esprit d'enfans. Mais selon sainct Augustin la consolation *b* de ceux qui font & qui demandent en esprit d'esclaues est que s'ils perseuerent à faire & à demander en esprit de seruiteurs, selon la voye la plus commune, quoy que non infaillible, ils demandent enfin & font encore en esprit d'enfans & d'heritiers de celuy qu'ils seruent en pere, par l'amour de sa bonté, au lieu qu'ils le seruoient en Maistre par la crainte de ses iugemens. Et comme les enfans de ce siecle sont soigneux de se faire voir au Roy, pource qu'il arriue plus souuent qu'il fait du bien à ceux qu'il voit, qu'à ceux qu'il ne voit pas, bien qu'il ait tousiours la liberté de faire part de ses biens-faits à ceux que bon luy semble, soit qu'ils le voient ou qu'ils ne le voyent pas. Ainsi lors que nous ne pouuons garder encore interieurement les Commandemens de Dieu, par le motif de son amour, nous deuons estre soigneux de les obseruer, au moins exterieurement par le principe de sa crainte,

a S. August. au serm. contre les Arriens ch. 24. distingue deux sortes d'Oraison, dont l'vne est particuliere aux fideles, & l'autre par cõsequent est cõmune à tous, & comme au l. de l'esprit & de la lett. au ch. 32. en l'ep. 105. & au ser. 44. de diu. ce Pere a reconnu deux especes de foy, il faut qu'il ait aussi reconnu deux especes d'Oraison, puis que toute foy nous fait prier dont l'vne conuient à tous, & c'est celle qui se fait dans l'esprit seruile, & l'autre conuient aux fideles seuls, & c'est celle qui se fait dans l'esprit des enfans de Dieu, & qui leur fait crier au fond du cœur, *Abba mon Pere*, comme dit S. Paul.

b S. August. au l. des 83. qu. qu. 36. en l'Ep. 120. ch. 18. *Præmissus timor in cor nostrum, pellit inde consuetudinem malorum operum.* l. 4. à Bonif. ch. 5. *Legem statuimus quæ terrendo ducit ad fidem*, c'est à dire, à la foy œuurante par la charité. Et au serm. 18. de Verb. Apost. ch. 8. il dit ces paroles admirables, *Castitatem nundum amas, charitatem nundum habes, seruiliter times formido est mali, nundum dilectio boni: sed time tamen vt ista formido custodiat te, & perducat ad dilectionem: timor enim iste quo gehennam times & ideo mala non facis continet te, & sic volentem peccare animum interiorem, non sinit: est enim quidam custos timor quasi pædagogus legis. Littera est minans nundum gratia iuuans custodiat tamen te timor iste, dum non facis timendo, vt veniat charitas.* & à la fin du mesme sermon chap. 12. *Videte*, dit-il, *quid sit amare, non dixit cogitat ne damnetur à Deo adhuc enim timor iste seruilis est, custos quidem malorum vt abstineant se à malis. Et ABSTINENDO DIGNI SINT AD SE ADMITTERE CHARITATEM.*

pour ce qu'il arriue plus souuent que Dieu respand sa charité sur ceux qui le seruent par sa crainte, que sur ceux qui ne le seruent point du tout, bien qu'il demeure tousiours libre de donner sa charité ou de ne la donner pas à ceux qui le mesprisent, & à ceux qui luy obeyssent par la seule apprehension de ses iugemens : & en ce qu'il demeure tousiours libre de respandre son amour sur ceux qu'il veut, quand il veut, & autant qu'il veut, il paroist que, sa misericorde seule est la veritable source de nostre salut comme nostre malice, seule est la veritable cause de nostre damnation.

Et ce que i'ay traicté cette matiere plus profondement peut-estre que la qualité de cét ouurage ne pouuoit le requerir, ç'a esté pour vous rendre compte plus exactement des raisons qui me font craindre auec ce Cardinal illustre & cét admirable Annaliste Baronius, que l'on ne s'esloigne de saint Augustin, & qu'en s'esloignant de sa doctrine toute celeste & toute sainte, on ne tombe dans l'erreur de ses aduersaires, puisqu'õ ne voit point d'opinion moyenne entre la leur & celle de ce Pere, comme on ne voit point d'autheurs moyens & interposez entre ses aduersaires & luy. Et pour aller encore plus auant dans la recherche d'vn sujet qu'on ne peut assez aprofondir, cette hypothese estãt posée qu'il n'y a point d'autheurs indifferens entre S. Augustin & les anciens censeurs de sa doctrine, ie vous demande, MONSEIGNEVR; comme la coustume des Conciles apres la lecture de l'Escriture Saincte est de s'informer de la verité des choses contestées par les anciens Peres, ce qu'a fait celuy de Trente, auec tant d'exactitude, si vn Concile s'assembloit pour regler le different qui est entre les Dominiquains & les Iesuistes touchant l'intelligence d'vn canon de Trente, pour l'éclaircissement de ce Canon, & pour la decision de ce differend, quels Peres alors seroient produits, seroient leus, seroient examinez dans ce Concile ? seroit ce Fauste, Cassien & Gennadius, ou saint Augustin, saint Prosper, & saint Fulgence, dans le sentiment desquels il est si facile de monstrer quel est le sens de ce Canon ? quel profane n'auoüeroit que ce seroit ces trois derniers que l'on produiroit, que l'on liroit & que l'on examineroit dans ce Concile, & que ce Concile regarderoit en ce su-

-jet comme autheurs ſains & orthodoxes, au lieu qu'il regarderoit les autres que nous leur oppoſons, comme autheurs ſuſpects & apocryphes? Si donc en vn temps où il s'agiroit de l'explication d'vn Canon de Trente, l'Egliſe choiſiroit pour regle de ſon interpretation S. Auguſtin & ſes diſciples, peut-on blaſmer en pareil cas vn Docteur particulier d'e vſer de la meſme ſorte & d'obſeruer vne conduitte que l'Egliſe toute entiere ſelon les voyes ordinaires ſeroit obligée de garder?

Mais allons encore plus auant en cette derniere des conſiderations que i'auois à vous propoſer. Comme le meſme eſprit de Dieu qui doit regner dans les Conciles doit regner hors des Conciles en ceux qui les doiuent compoſer, ou au moins qui doiuent y parler (excepté le priuilege de l'infaillibilité) c'eſt à dire que comme Dieu veut qu'il y ait touſiours en ſon Egliſe des Docteurs, dans l'eſprit deſquels il prepare comme vn fond de ſcience pour en eſclairer les aſſemblées Eccleſiaſtiques, ne faut-il pas que ces Docteurs, dont la ſuffiſance doit reluire dans ces auguſtes aſſemblées, s'inſtruiſent en particulier des veritez diuines par les meſmes voyes ſelon leſquelles ils doiuent en parler dans les Conciles? Si donc, MONSEIGNEVR, au cas qu'vn Synode recherchaſt l'explication de quelque Canon du Concile de Trente touchant les choſes de la grace, ces Docteurs ne pourroient mieux ſeruir au deſſein de ce Synode qu'en luy propoſant les opinions de ſainct Auguſtin pour l'éclairciſſement de ce Canon; qui peut douter que ces Docteurs en leur particulier & hors du Concile ne doiuent rechercher la meſme explication par la meſme voye, c'eſt à dire par vne exacte & vne fidele eſtude des œuures de ce Pere? Faut il rechercher la verité d'vne maniere dans les Conciles & d'vne autre dans les eſcoles? Et ſi les Conciles la recherchent comme ils font touſiours dans les ouurages des Saincts Peres, les eſcoles auſſi ne doiuent-elles pas l'y rechercher? Certes à proprement parler que penſons nous que ſoit maintenant les eſcoles de la Theologie, ſinon des images ou des imitations imparfaites des Conciles, vne lice & vn champ où l'on s'exerce pour ſe rendre digne de parler des diuins myſteres dans ces venerables aſſemblées & vn arſenal ſpirituel, ſi ie l'oſe dire, où l'on dispose & où l'on polit les armes qu'on doit emploier dans les Synodes contre les rebelles de l'Eglise? où l'on s'instruit de la Trinité dans S. Hilaire & dans S. Athanase, de l'Incarnation dans S. Leon & dans S. Cyrille, & de la grace du Sauueur dans S. Augustin, & dans ses disciples, pour déployer deuant les Papes & dans les Cõciles mesmes Oecumeniques les hauts secrets que ces Saints nous ont appris touchant ces diuines veritez? De cette sorte, MONSEIGNEVR, en iugeãt des points de la foy Chrestienne si nous voulõs suiure les vestiges de l'Eglise mesme, & des Conciles qui la representent, nous deuons tousiours leuer les yeux vers la sage antiquité, comme vers vn Ciel où paroissent les lumieres qui doiuent nous conduire dans l'obscurité qui nous enuironne, pourueu qu'en suiuant ces sacrez guides dans l'explication, ou des Conciles, ou de l'Escriture Sainte, nous reseruions tousiours à la mesme Eglise l'authorité supreme de les éclaircir & de les deuelopper. Mais auant que cette diuine Eglise ait prononcé manifestement, & sans qu'il y ait sur ses decisions aucun debat entre les Catholiques, chacun sçait qu'il est du deuoir, & de la prudence d'vn Ecclesiastique, de quelque condition qu'il soit, de puiser principalement le sens, ou de l'Escriture, ou des Conciles, dans les Peres les plus doctes, & les plus authorisez par la mesme Eglise, comme est S. Augustin de l'adueu de tous dans la matiere de la grace & de la predestination. C'est ce qu'a reconnu Suarez ce sçauant a Iesuiste en ces paroles remarquables, *A cela*, dit-il, *nous adioustons que tout prudent & habile Theologien doit defendre & enseigner tout ce que S. Augustin asseure & tient pour certain, dans ce qui appartient aux dogmes de la Foy touchant la grace; encore mesme qu'on ne voye pas que l'Eglise l'ait definy, parce que l'Eglise en cette matiere ayant deferé de telle sorte à S. Augustin, qu'elle a suiui sa doctrine en condamnant les erreurs contraires à la grace: Ce seroit vne grande temerité à vn Docteur particulier d'oser contredire à S. Aug. lors qu'en la grace il enseigne quelque chose comme Orthodoxe & Catholique, & principalement puis qu'estant doüé d'vne sagesse si profonde, d'vn si grand esprit, & ce qui est plus que tout, de tant de dons & de secours diuins, il a trauaillé durant tant d'années auec tant de soin & tant de diligence pour l'explication, & pour la defense de la*

a Prol. 6. ch. 6. de la gr.

diuine grace, n'y ayant rien au reste qui l'ait rendu si admirable dans l'Eglise, que la doctrine qu'il a enseignée touchant la mesme grace. Et *a* Vasquez aussi grand personnage de la mesme Societé, ne parle pas moins auantageusement de la sagesse & de la seureté qu'il y a de suiure ce Pere en ce suiet. *Il nous vaut bien mieux*, dit-il, *estre de l'aduis de S. Augustin que de celuy des autres. Ce Docteur luysant comme i'ay dit dans la matiere de la grace & de la predestination, entre les autres Peres, comme le Soleil parmy les moindres astres.* Et le mesme *b* ailleurs non moins auantageusement pour S. Augustin, *encor*, dit-il, *que l'authorité des autres Peres doiue estre de grand poids en toutes sortes de disputes, en celle neantmoins dont il s'agit à cette heure, vn seul Augustin me tiendra lieu tousiours de plusieurs autres.* Et *c* ailleurs, *Il ne faut pas*, dit-il, *trouuer estrange que les Peres Grecs de si grād sçauoir, & de si grande authorité, ayent esté dans cette opinion, puis que ceux de Marseille aussi & beaucoup d'autres François de reputation y ont esté.* Car, adiouste-il, *c'estoit vne chose grandement subtile & difficile à expliquer, iusqu'à ce que S. Augustin nous l'eut deueloppée comme beaucoup d'autres mysteres par la sublimité de son esprit.*

a Sur la premiere part. de S. Th. disp. 89. ch. 1.

b Là mesme ch. 4.

c Là mesme disp. 91. ch. 9.

Mais quelque grande que puisse estre l'authorité de S. Augustin dans les choses de la grace, comment peut-il estre, dira on, possible l'interprete d'vn Concile tenu depuis vn siecle, & posterieur à ce S. Pere deprez de douze siecles? Mais en fait d'interpretation, ce qui fait que l'on choisit vn lieu pour en interpreter vn autre, ce n'est pas que celuy qui explique est posterieur en temps à celuy qui est expliqué; mais plutost que celuy qui expose est plus intelligible que celuy qui est exposé, & il est censé plus intelligible lors qu'il est plus diffus, plus estendu, plus exactement circonstancié, & que la matiere qui s'y traite s'y trouue resoluë iusqu'en ses derniers principes; C'est ainsi que pour l'exposition de beaucoup de lieux du vieux Testament qui sont alleguez dans le Nouueau, les interpretes nous renuoyent au vieux Testament d'où ces lieux ont esté pris, & où ils paroissent reuestus de toutes les circonstances qui en font paroistre le vray sens. Et pour ne pas sortir de mon suiet; c'est ainsi que les Canons du second Concile d'Orenge, qui est posterieur à S. Augustin, ne laissent pas d'estre interpretez selon le sçauant Pere,

[a] Sirmond par les liures de S. Aug. où l'on en voit la viue source dans sa plenitude & dans sa pureté. I'adiouste à cecy, MONSEIGNEVR, que bien que S. Augustin, & les autres Peres ne viuent plus au monde dans leur chair mortelle, ils y viuent encore neantmoins dans les monumens incorruptibles qu'ils nous ont laissez de leur doctrine; qu'ils nous seront tousiours presens, & nous éclaireront tousiours par la lumiere de leurs œuures, & que dans les liures où ils deployent si amplement & si profondement les mysteres de la foy Chrestienne, ils nous expliqueront tousiours les reglemens, & les Canons que les Conciles en ont faits, & où il ne se peut qu'ils ne se rencontre assez souuent quelque obscurité & quelque nuage à cause de leur briefueté. Et sans cela dequoy nous seruiroient les veilles de tant de sçauans hommes, qu'ils ont employées à exposer les decrets des Papes & des Conciles? & comment eussent-ils pû les exposer s'ils n'eussent eu recours aux sources, où ces decrets auoient esté puisez? c'est à dire aux liures, & aux ouurages des plus Illustres Peres de l'Antiquité? C'est ce qui fait dire en ce suiet au R. Pere Sirmond [b] dont le sçauoir rare est connu de tout le monde. *Dans quelle source pouuons nous puiser vne intelligence plus asseurée des Canons que dans les Coustumes, ou dans les obseruations des temps où ces Canons mesmes ont esté faits?* Mais ces obseruations & ces coustumes, où deuons nous les rechercher? *dans les anciens* [c] *escrits des Peres & des Theologiens*, respond ce mesme Religieux, & il en vse ainsi luy-mesme en alleguant vn grand nombre d'anciens Peres pour establir l'interpretation qu'il donne à vn Canon du premier Concile d'Orenge, où il auoüe neantmoins [d] que la seule authorité de saint Hierosme suffisoit pour nous enseigner l'explication de ce Canon. Et il ne me sera pas permis de dire de saint Augustin seul au regard des Canons de Trente, ce que le Pere Sirmond dit de saint Hierosme seul au regard de ceux d'Orenge? Et le Pere Sirmond expliquera par saint Hierosme seul les Canons d'Orenge sans mettre saint Hierosme au dessus de ce Synode, & ie ne pourray interpreter par saint Augustin les Canons de Trente sans mettre saint Augustin au dessus de ce Concile dont ie dis qu'il est l'interprete.

[a] Dans son premier tom. des Conc. de franc. sur l'année 475. & tout nouuellement en son histoire predestinatienne pag. 64. *In hac ipsa synodo*, dit-il, du 2. Concile d'Orenge, *quæ tota ex Augustini placitis conflata est.*

[b] Dans son 2. antirrh. ch. 3. *quo enim ex fonte certiorem canonum haurire intelligentiam licet, quam ex temporum quibus conditi sunt moribus & institutis.*

[c] Là mesme ch. 4. *quemadmodum olim & quos ad fines vsurpata in Ecclesia fuerint ex antiquis patrum theologorumque scriptis inuestigandum est* Et tout cela pour apprendre la vraye intelligence des Canons.

[d] Là mesme ch. 6. tout au commenc. *prodeat nunc* dit-il, *in medium contra luciferianos*

Ny ce que le Pape Pie IV. a deffendu par vne Bulle expresse de faire aucune glose, ou annotation pour l'interpretation du saint Concile & l'a reseruée au Sainct Siege seul ne me fait point icy, de preiudice, puisque le Pape entend là, parler d'vne interpretation suiuie & composée de propos deliberé sur les decrets de ce Concile, & non des interpretations que l'on en fait par occasion & de quelques textes pris à part, ou dans les disputes auec les heretiques où dans les exercices ordinaires des escoles, autremēt, il n'y auroit point d'autheur ou presque point qui ne fut coupable de l'infraction de cette Bulle, n'y en ayant point, ou presque point qui n'ait entrepris d'exposer ce saint Synode en la maniere que ie viens de dire. Et si on a pû l'imprimer comme on a fait sans contreuenir à la mesme Bulle auec des citations à la marge où sont marquez les lieux des Peres ou des Conciles d'où ces Canons ont esté pris, ne pourra on l'interpreter sans desobeyr à la mesme Bulle ensuiuant fidelement les mesmes citations publiquement receuës & authorisées parmy nous? Mais puisque nous sommes tombez sur le propos des Bulles du saint Siege, n'y en a-t'il pas vne, dira-t'on, possible qui condamne d'heresie la doctrine qu'on dit estre de saint Augustin touchant la grace, & qui oste par consequent à ce saint Docteur le tiltre d'interprete de l'Eglise Catholique & de ses Conciles touchant la mesme grace? Mais qu'elle est elle cette Bulle? Celle qui a parû depuis peu d'années contre le fameux liure de l'Euesque d'Ypre. Mais cette Bulle dit-elle vn seul mot des principaux suiets de nostre dispute? enseigne-elle, definit-elle, comment Iesus-Christ est mort pour tous? comment Dieu veut nous sauuer, tous comment-il nous ayde tous suffisamment à nous sauuer, comment on peut resister à sa grace si l'on veut? & si cette Bulle ne touche point, comme en effet elle ne touche point du tout ces questions celebres qui font la matiere principale de nostre controuerse, peut-on s'en seruir pour nous juger? & pour nous esclaircir de ces matieres faut-il nous r'enuoier à vne Bulle qui n'en parle point, & qui approuue au moins tacitement certaines opinions en cela mesme qu'elle ne les condamne point, apres qu'on les eut

sanctus Hieronymus qui vno suæ vocis oraculo & nostram de Canone illorumque temporum consuetudine firmat sententiam & tuam iugulat contentionem.

leuës & examinées dans le liure au suiet duquel elle a esté faite? Et quant aux Theses & aux propositions de l'Euesque d'Ypre qui sont notées en la Bulle dont il est question, qu'en est-il dit en la mesme Bulle: qu'elles se trouuent parmy celles d'vn nommé Baius qui ont esté declarées par deux Papes respectiuement les vnes heretiques, les autres erronées, les autres scandaleuses, les autres temeraires, & les autres simplement suspectes. Mais apres vous auoir protesté comme ie dois que ie ne m'oblige point absoluëment à defendre la doctrine de l'Euesque d'Ypre, ny d'aucun Docteur particulier, ie vous diray neantmoins pour honorer la sainte verité, & la memoire d'vn si grand Prelat, que si la Bulle de sa Sainteté portoit generalement que toutes les propositions qui sont condamnées dans Baius se trouuent dans l'Euesque d'Ypre, il faudroit qu'il y en eût d'heretiques dans l'Euesque d'Ypre, comme il y en a d'heretiques dans Baius. Mais si la Bulle dit seulement comme elle fait, que beaucoup de celles de Baius se trouuent dans l'Euesque d'Ypre, que peut-on inferer de là, sinon que celles de l'Euesque d'Ypre qui sont parmy celles de Baius, doiuent estre mises au nombre, ou des heretiques ou des erronées; ou des scandaleuses, ou des suspectes, & si en mesme temps on s'apperçoit tres euidemment qu'elles sont de S. Augustin aussi bien que de l'Euesque d'Ypre, le respect que l'Eglise porte à cét admirable Pere, ne nous oblige il pas à leur appliquer la censure la plus douce, & à les mettre seulement au rang des scandaleuses ou des suspectes? ce qui est, comme on sçait, vne qualité que l'on peut donner par accident aux maximes les plus saintes & les plus Catholiques.

Et ainsi les propositions suiuantes, *le fils* a *est semblable en substance au Pere; la Vierge* b *est la mere de Iesus-Christ; vn de la Trinité a enduré par sa propre chair*, bien que ce soient des propositions tres saines & tres Orthodoxes, n'ont pas laissé neantmoins d'estre notées comme scandaleuses, comme suspectes & comme pernicieuses à la creance Catholique, en vn temps où les heretiques pouuoient en abuser pour couurir leur erreur, ou pour tromper les simples en la Foy; & de quelle sorte direz vous? en disant que le Fils est semblable

a C'est le mot ὁμοιούσιος, condamné par les SS. Peres, mais seulement par accident.

b Georg. Scholarius si ma memoire ne me trompe dans vne harangue inserée aux actes du Concile de Flor.

en substance au Pere, pour éuiter de dire qu'il est consubstantiel au Pere; que la Vierge est la Mere de Iesus-Christ, pour euiter de dire qu'elle est la mere de Dieu; que le Verbe a enduré par sa propre chair, pour éuiter de dire que la Diuinité n'a pas souffert ; mais la seule humanité. D'où nous apprenons que les maximes & les propositions les plus Chrestiennes, auant qu'on les ait suffisamment premunies, expliquées, diuulguées, & deliurées peu à peu de l'apparence de la nouueauté, peuuẽt deuenir en l'Eglise ou suspectes, ou scãdaleuses, & nuisibles à la Foy ou par l'ignorance ou par la malice, ou par l'infelicité des temps. Cõme la lecture mesme de l'Escriture Sainte peut estre dite *a* dommageable à la foy & aux bonnes mœurs non de soy, mais par accident & par le defaut de ceux qui la lisent, comme disent entre les autres Peres S. Basile *b*, & S. Gregoire de Nazianze *c*; & qui croiroit qu'on eût pû iamais en venir là que de nier aux heretiques cette proposition si auguste, *le Verbe s'est fait chair*: & Facondus *d* nous tesmoigne neantmoins qu'on ne faisoit point scrupule de la nier aux Eutychéens, à cause qu'ils en abusoient pour l'establissemẽt de leur erreur. Ce qui estant, peut-on s'estonner que les propositions les plus certaines, & les mieux fondées de S. Augustin ayent pû deuenir en quelque temps ou scandaleuses ou suspectes? puis que celle-là qui est le fondement de la Religion Chrestienne, n'a pû *e* quelquefois s'en exempter. Et si parmy celles de Baius que le S. Siege a censurées, il y en a qui ne l'ont esté qu'à cause de la façon odieuse dont l'autheur les auoit auancées, comme Bellarmin, & Tolet l'ont reconnû, d'où vient que les plus fameux *f* Iesuistes, n'ont pas laissé depuis de les enseigner; &

a En la Reg. 4. touchant les liures defendus au Conc. de Trente, où l'on laisse à la discretion des directeurs ou superieurs Ecclesiastiques de permettre la lecture de l'Escriture saincte dans les versiõs vulgaires à ceux qu'ils iugeront pouuoir en tirer de l'edification plustost que du dommage.

b En l'Epist. à Chilon.

c En l'Apologet. contre Iul. & en ses oraisons de la paix, où il dit que nous deurions imiter les Iuifs, qui ne permettent pas à toutes sortes de personnes la lecture de l'Escriture saincte.

d l. 9. p. 403.

e Dans Vasquez sur la premiere de la 2. dispute 90. ch. 12. & disp. 89. ch. 15. & ch. 18. nomb. 174.

f Bellarmin allegué par Vasquez au lieu cité. Suarez en son prolog. 6. ch. 2. nomb. 14. & 15. & Vasq. au lieu cy-dessus, enseigne aussi bien que Bellarmin qu'on ne peut resister à aucune tentation sans la grace, & que sans la grace aussi on ne peut faire aucun bon vsage du franc-arbitre, & bien que ces deux propositions se trouuent parmy celles qui sont censurées en Baius, Vasquez dit suiuant l'exemple de Bellarmin & selon l'aduis de Tolet, qu'il auoit consulté là dessus, qu'il auoit pû les enseigner à cause que le S. Siege les auoit condamnées seulement à raison de la maniere dont elles estoient couchées en leur autheur.

s'il y en a d'autres qu'on peut soustenir à la rigueur, & dans le sens pretendu par leur autheur, comme l'original de la Bulle le declare, pourquoy ne reduirions nous pas, ou ne rangerions nous pas sous ces deux classes de propositions non erronées, les propositions de l'Euesque d'Ypre, qui sont parmy celles de Baius, quand il nous paroit euidemment qu'ils les ont puisées l'vn & l'autre dans les œuures de sainct Augustin? Et generalement parlant que la doctrine de l'Euesque d'Ypre, ne soit iugée en façon du monde, ou erronée, ou heretique par la Bulle du sainct Siege, on peut le iustifier encore par l'adueu mesme de Monseigneur le Cardinal Barberin, qui me fit l'honneur de me dire vn iour touchant nos disputes de la grace, que cette question auoit besoin d'vne plus grande decision, tesmoignant par là que cette Bulle qui a esté dressée sous son authorité, ne iuge point le fond de nostre differend touchant la grace, & par consequent ne traicte d'erreur ou d'heresie la doctrine de l'Euesque d'Ypre. Cela se voit en dernier lieu manifestement en ce que le Pape dans cette Bulle prohibe tout ensemble le liure de l'Euesque d'Ypre, les Theses des Iesuites & tous les autres liures qu'on auoit faits contre celuy de cet Euesque, & defend outre cela sur peine d'anatheme, d'escrire à l'auenir en quelque maniere que ce soit contre le mesme liure, d'où il s'ensuit que l'intention de sa Sainteté n'a pas esté de le condamner comme heretique, autrement elle l'auroit mis au rang des liures heretiques, & en mesme temps auroit defendu de le combattre sur peine d'excommunication, ce qui estant absurde de soymesme, & ne s'estant iamais veu ny pratiqué dans l'Eglise Catholique, ne peut estre aussi que tres-éloigné de l'intention & de la pensée du sainct Siege. De cette sorte, MONSEIGNEVR, vous voyez comment la dignité du Siege Apostolique, & la pureté de la doctrine de sainct Augustin demeurent encore en leur entier, & qu'Vrbain huictiesme par sa Bulle n'oste pas à sainct Augustin la qualité que Clement huictiesme luy auoit donnée, d'interprete de l'Eglise & de ses Conciles dans la matiere de la grace & de la predestination, & sur tout en celles dont nous disputons principalement, & dont cette Bulle ne parlant point, on l'allegueroit ridiculement pour les decider.

Toutes ces choses donc estans posées, si vous voulez sçauoir en peu de mots & en abregé ce qui m'oblige à croire qu'en la matiere de la grace sainct Augustin est l'interprete & du Concile & de l'Eglise; c'est qu'en ce sujet l'Eglise & le Concile ont vsé de ses propres termes; C'est que les Conciles & les Papes l'authorisent sur tous autres; C'est que la doctrine de ce Pere, ne pouuant estre partagée, si on l'embrasse dans vn point, il faut qu'on l'embrasse en tous les autres; C'est que si on abandonnoit ce Sainct, ou si on ne pouuoit faire voir qu'on ne l'a iamais abandonné, les heretiques de ce temps en tireroient contre l'Eglise vn aduantage inestimable; C'est que l'antiquité Chrestienne ne reconnoissant aucun milieu entre la doctrine de ses aduersaires & la sienne, il semble qu'on tombe de la sienne en celle de ses aduersaires; C'est qu'en vn Synode conuoqué pour iuger du differend des Dominiquains & des Iesuistes, si on ne consultoit sainct Augustin parmy les Anciens Peres, ou l'on consulteroit ses aduersaires, ou l'on n'en consulteroit aucun pour la decision de cette controuerse. Et pour reuenir aux Conciles mesmes generaux & aux souuerains Pontifes, qui authorisent ce grand homme : C'est qu'ils l'eleuent sur tous autres, le Concile d'Ephese, en approuuant ce qu'on auoit fait principalement par son entremise, & en excommuniant ses aduersaires; Celuy de Constantinople en le receuant tout entier touchant la foy; Celuy de Florence en le consacrant comme le premier des Autheurs Latins, Innocent premier en loüant ses Epistres, Boniface en le consultant, Celestin en l'exemptant de toute erreur, Sainct Leon en imitant son style, Gelase en notant les censeurs de sa doctrine, Hormisdas en nous renuoyant à ses escrits, Boniface second en le declarant Docteur de l'Eglise Romaine, Sainct Gregoire en se postposant infiniment à luy, Vrbain sixiesme en le donnant pour maistre à sainct Thomas, [a] Martin cinquiesme en le publiant l'oracle de tous les Docteurs, Clement huictiesme en l'eslisant pour arbitre de la controuerse des Dominiquains & des Iesuistes, & pour interprete du Canon du Concile de Trente, dont le sens estoit disputé entre ces deux celebres Ordres. Et apres

[a] Dans le serm. de la translat. de saincte Monique, *Quicunque*, dit-il, *de Christo, de fide, de Religione aliquid saperent, omnibus in ore erat Augustinus, vt nihil penè ex sacris litteris possit nisi eo duce intelligi, nihil nisi eo interprete explicari.*

apres cela i'auray blessé, noircy, flestry l'authorité de ce sainct Concile en luy choisissant à l'imitation de Clement huictiesme, ou plustost suiuant l'intention de Clement VIII. vn truchement couronné de tant d'approbations, & de tant d'eloges de tous les lieux & de tous les siecles? & au contraire, en negligeant d'expliquer ce sainct Concile par ce sainct Docteur & de les accorder ensemble, on ne craindra pas le danger horrible, ou de mespriser l'antiquité, la tradition dont il est le depositaire, le S. Siege & les Conciles qui l'ont consacré, ou de faire de sainct Augustin vn oppugnateur au lieu d'vn defenseur de l'Eglise Catholique, ou de donner matiere aux heretiques sans aucune iuste necessité, de nous faire vn eternel reproche que nous auons abandonné ce Pere & de se vanter ouuertement qu'on les a proscripts & condamnez pour l'auoir suiuy?

SECONDE PARTIE DE CET OVVRAGE, OV EST EXPLIQVE' PLVS au long vn Canon du Concile de Trente touchant l'efficace de la grace.

MAIS puiſque ie vous ay promis d'expliquer plus amplement ſuiuant les penſées de ſainct Auguſtin cét excellent Canon du Concile de Trente, dont l'intelligence eſt debattuë parmy tant de Catholiques, & où il eſt dit, que l'on peut diſſentir à la grace ſi l'on veut, il eſt temps que ie m'acquitte de la parole que ie vous ay donnée, & que ie vous faſſe voir en cet eſſay & en cet exemple ſeul, combien il eſt aiſé d'entendre ce Synode, ſelon les maximes de ce Pere. Et pour prendre la choſe de plus haut, i'obſerue que les Pelagiens lors qu'ils diſputoient contre les Catholiques, touchant l'efficace de la grace, auoient accouſtumé de la diffamer ou de l'impugner par cette ſorte de langage, Si voſtre grace, diſoient ils, eſt inuincible *a* & inſurmontable, nous y conſentons, encore que nous ne le vueillions pas. A quoy les Peres reſpondoient, nous y conſentons & y diſſentons ſi nous voulons, & vous eſtes inſenſez de dire (c'eſt ce que Luther a dit depuis) que nous y conſentons encore que nous ne le vueillions pas, puiſque l'effet propre de la grace eſt de faire que nous le vueillions, & de meſme que nous y conſentons, en voulant y conſentir, nous y diſſentons auſſi, ſi nous voulons y diſſentir, *Sans doute*, *b* dit ſainct Auguſtin, *nous pechons ſi nous voulons*, & ailleurs, *c* *L'homme*, dit-il, *n'eſt point bon s'il ne veut*, & ailleurs, *Ie ſçay*, *d* dit-il, *que lors que la mauuaiſe volontè ſe forme dans quelqu'vn, il ſe fait quelque choſe en luy*

a Cela ſe voit au l. 2. de S. Aug à Bonif. ch. 8. & dans l'œuure Imp. l. 1. c. 99 & dans S. Proſper au l. contre le Collat. ch. 3. deuant le mil. & c. 6. 7. 8. & 12. ſur la fin & dãs Fauſte, à tout bout de champ, & dans le Prædeſtinatus qui rapporte ainſi la creance des Catholiques pour la diffamer. *Dicunt etiamſi voluerit bonum facere quia ad malum prædeſtinatus eſt ad bonũ peruenire non poterit; nã qui ad bonum prædeſtinatus eſt, etiamſi negligat, ad bonũ perducetur, INVITVS.*

b au l. de la nat. & de la gr. c. 49. *c* l. 1. a Bonif. c. 18. *d* l. 12. de la Cité de Dieu ch. 8.

qui ne se feroit pas s'il ne le vouloit, mais comme le consentement & le dissentiment dépendent de la volonté, la volonté depend elle mesme de la grace qui fait consentir la volonté, & qui la ploie à consentir auec d'autant plus de liberté qu'elle la meut auec plaisir, en l'attachant immobilement à l'obiet de sa felicité : & c'est aussi ce que le saint Concile *a* veut dire quand il dit que nous agissons en receuant la grace, puisque nous pouuons la reietter: car il entend selon les Peres que nous le pouuons si nous le voulons, & comme selon les mesmes Peres nous auons en nostre puissance ce que nous *b* faisons quand nous voulons, il s'ensuit qu'il est en nostre pouuoir de reietter la grace puis que nous la reietterions si nous voulions : mais la grace qui est la reine de nostre volonté, s'assuiettit nostre volonté & fait que nous ne le voulons pas. Et quand ie dis que nous auons en nostre puissance ce que nous faisons si nous voulons, ie veux dire ce que nous faisons si nous voulons sans changer de nature ou sans changer d'estat, & sans entrer dans vn autre qui ne peut estre conioint ny succeder à l'estat où nous nous trouuons. Ainsi on ne peut dire absoluëment que Dieu peut pecher, pource que, comme dit saint Thomas *c* bien que Dieu pechast s'il vouloit, il ne le peut vouloir sans perdre sa nature & sans cesser d'estre ce qu'il est, ainsi on ne peut dire absoluëment de Iesus-Christ, & des bien-heureux, qu'ils peuuent hayr Dieu, pourceque, comme dit S. Anselme *d*, bien qu'ils le hayroient s'ils vouloient, ils ne peuuent le vouloir sans sortir de leur estat & sans entrer dans vn autre tout contraire à celuy dans lequel ils sont: & ainsi on ne peut dire absoluëment des demons & des damnez, qu'ils peuuent aymer Dieu, pource que bien qu'ils l'aymassent s'ils vouloient, ils ne peuuent le vouloir sans se dépoüiller de leur estat & sans en prendre vn autre incompatible auec le leur : mais au contraire dans l'estat muable où se trouuent les fideles & où ils peuuent aymer le bien ou ne l'aymer pas, selon qu'ils ont ou qu'ils n'ont pas la grace de l'aymer, nous disons suiuant le style de l'antiquité, qu'il est en leur puissance d'aymer le bien ou de ne l'aymer pas s'ils veulent, pource qu'ils peuuent le vouloir ou ne le vouloir pas sans changer l'estat muable conuertible, &

a En la Sess. 6. ch. 5.

b S. Aug. au li. 3. du franc-arb. c. 3. l. 1. des retract. ch. 22. au l. de l'Esp. & de la lettre c. 31.

c Premiere part. qu. 25. art. 3. en la resp. à la 2. obiect.

d S. Ansel. au l. 2. *cur Deus homo* ch. 9. *Possumus itaque dicere de Christo quia potuit mentiri, si subaudiatur, si velit, & quoniam mentiri non potuit nolens, nec potuit velle mentiri : sic itaque potuit, & non potuit mentiri.*

ployant de part & d'autre dans lequel ils viuent maintenant, *comme ceux qui ont crû desia*, dit saint Prosper, *sont aydez de Dieu afin qu'ils demeurent en la foy, ceux qui n'ont pas encore crû sont aydez afin qu'ils croient : & comme ceux-là ont en leur puissance de sortir, ceux cy ont encore en leur puissance de ne point venir*. & vn peu plus bas, *Mais ceux qui viennent*, dit-il, *sont dirigez par le secours de Dieu & ceux qui ne viennent pas, resistent par leur opiniastreté*. L. 2, de la voc. des Gent. c. 9. vers la fin.

Mais, ô grand Saint ! à l'égard de ceux qui viennent & qui demeurent, comment est-il en leur puissance de ne pas venir, ou de ne demeurer pas ? *pour ce que Dieu les fait vouloir*, respondra-t'il, *en sorte qu'il ne leur oste pas la mutabilité par laquelle ils peuuent ne vouloir pas* : mais comment Dieu fait-il encore qu'ils persistent à vouloir & qu'ils ne succombent pas à la mutabilité par laquelle ils peuuent ne vouloir pas? *pour ce que Dieu fait que ceux qu'il ayme*, respondra-t'il, *ne puissent estre separez de luy, & perseuerent iusques à la fin*, & ailleurs dira le mesme Pere, *pource que la charité qui n'est pas seulement de Dieu, mais qui est Dieu mesme, rend fermes, perseuerans & insurmontables ceux qu'elle a remplis du fleuue de sa volupté* ; & ailleurs, dira-t'il encore, *pource qu'il estoit donné d'enhaut aux martyrs de Iesus Christ vne fermeté de croire vne confiance d'esperer, vne force de souffrir si grande que le feu de leur dilection ne pouuoit estre esteint en aucune sorte par ceux qui les opprimoient*. Et ainsi on peut dire en mesme temps selon le disciple de saint Augustin qu'il est en la puissance des martyrs de ne souffrir pas, par ce qu'ils peuuent ne le vouloir pas, à cause de leur infirmité, & qu'il n'est point en leur pussance de ne souffrir pas, pour ce que Dieu fait qu'ils le veulent par vne tres-forte, inextinguible & inuincible ardeur de sa charité. Ainsi suiuant saint Augustin bien que Iesus-Christ ait prié que la foy de Pierre ne defaillit pas, elle eut defailly neantmoins si Pierre l'eut voulû, mais Iesus-Christ, qui auoit prié pour luy, l'empeschoit de le vouloir par vne delectable perpetuité, & par vne force insuperable de sa grace, comme dit le grand saint Augustin : & ailleurs au mesme sens, *Dieu* dit-il, *ne nous a pas seulement donnê ny n'ayde pas seulement nostre pouuoir, mais il opere en nous, & le vouloir & le parfaire*,

au mesme ch. vn peu plus bas.

l. 1. de la voc. des Gent. ch. 9. vers la fin.

l. 2. chap. 3.

Là mesme au ch. 5. vers la fin.

au l. de la corr. & de la gr. ch. 8.

au l. de la gr. de I. C. c. 5.

non parce que nous ne voulons pas, ou parce que nous n'agissons pas, mais parce que nous ne voulons ny ne faisons aucun bien sans son secours. Car comment peut-on dire (c'estoit les mots de Pelagius) *ce que nous pouuons bien faire est de Dieu, & ce que nous faisons bien est de nous, puis que l'Apostre dit, qu'il prioit Dieu pour ceux ausquels il escriuoit qu'ils fissent le bien & qu'ils ne fissent aucun mal : car il ne dit pas nous prions que vous ne puißiez faire rien de mal, mais que vous n'en faßiez point, ny que vous puißiez faire le bien, mais que vous le faciez : parce que ceux desquels il est escrit, tous ceux qui sont poussez de l'esprit de Dieu sont enfans de Dieu, sont poussez par celuy qui est bon à faire ce qui est bon, où Dieu,* dit-il en suitte, *n'exprime pas seulement le progrez de la puissance, mais außi l'effet de la cooperation.* C'est à dire, ou il ne donne pas seulement de pouuoir faire & de pouuoir vouloir, mais aussi de faire & de vouloir: & comme il est vray que nous faisons auec liberté ce que nous faisons si nous voulons, il est vray que nous ne perdons point nostre liberté, mais que nous la perfectionnons en la sousmetetant à Dieu lors qu'il fait que nous vueillions. Cela estant, selon saint Augustin en vn sens on peut reietter la grace, & en l'autre on ne le peut pas; on le peut puisqu'on le feroit si on le vouloit, on ne le peut pas aussi puisqu'on ne le peut vouloir, & la grace fait insensiblement qu'on ne le veut pas pource que selon saint Thomas [1] elle nous meut specialement à vouloir déterminement vn bien, & que selon saint Augustin elle a vne vertu *tres-efficatieuse* [2], *inuincible* [3], *indeclinable* [4], *insuperable*, & *toute-puissante* [5] sur nostre volonté.

Et dans ces eloges magnifiques de l'efficace de la grace, où saint Augustin enseigne qu'elle opere son effet par vne tres-douce, mais tres-forte necessité, de dire qu'il ne parle pas

1 Premiere de la 2. qu. 9. art. 6. en la resp. à la 3. ob.

2 au l. de la gr. & du franc-arbitre. ch. 16. *prabens vires efficacissimus voluntati* & au l. 1. á Bonif. c. 20. *cor regis (Deus) occultissimâ, & EFFICACISSIMA potestate conuertit.*

3 au l. de la cor. & de la gr. c. 8. *quid aliud rogauit (Christus pro Petro) nisi vt haberet in fide liberrimam fortissimam INVICTISSIMAM perseuerantissimam voluntatem*, & au ch. 12. à la fin, *infirmis seruauit vt ipso donante INVICTISSIME' quod bonum est vellent, & hoc deserere INVICTISSIME' nollent.*

4 Là mesme *vt diuina gratia INDECLINABILITER & INSVPERABILITER ageretur*, & au ch. 8. *delectabilem perpetuitatem & INSVPERABILEM fortitudinem*

5 Là mesme ch. 14. *habens humanorum cordium quò placeret inclinandorum OMNIPOTENTISSIMAM potestatem.*

d'vne

d'vne necessité qu'on appelle antecedente, selon laquelle les agens, par leurs propres forces operent infailliblement ce qu'ils operent mais d'vne necessité seulement qu'on appelle consequente, selon laquelle vne cause agit necessairement; supposé que Dieu dont la prescience ne peut-estre trompée, ait preueu qu'elle agiroit; c'est à mon aduis en ce suiet vne distinction qui n'est appuyée d'aucune vraye semblance, car outre que saint Augustin n'establit pas l'efficace de la grace sur vne preuision de Dieu qui ne peut estre trompée, mais sur vne puissante vertu de Dieu qui ne peut-estre surmontée, & sur vne force interieure & essentielle de la grace, qui entraisne nostre franc-arbitre: d'où vient que saint Augustin, la nomme vne Energie tres-occulte & tres efficacieuse, vne ardeur de charité, vne inflammation du sainct Esprit si grande qu'elle meut, pousse & remue indeclinablement & insuperablement nostre volonté, ne pourroit-on pas dire aussi de la grace des saints Anges dont ils disposoient comme ils vouloient qu'elle agissoit necessairement comme la nostre, puisque elle ne pouuoit n'operer pas, supposé que Dieu preuit qu'elle operoit, & dans le premier homme encore la grace toute dependante qu'elle estoit de sa volonté n'eut-elle pas agy necessairement aussi bien que dans ses descendans, puisque dans le premier homme aussi bien que dans ses descendans, elle ne pouuoit ne pas agir, supposé que Dieu tout préuoyant, eut preueu qu'elle agiroit? Et qui ne sçait neantmoins que saint Augustin ne pose pas ou dans les Anges, ou dans le premier homme, l'efficace de la grace qu'il pose dans la race & dans les descendans du premier homme? Puis donc que ce Pere a reconnû & dans les Anges & dans le premier homme vne efficace de la grace qui depend de la preuision de Dieu, qui ne comprend & qui ne voit par là que l'efficace de la grace qu'il ne reconnoit ny dans les Anges, ny dans le premier homme, mais seulement dans les descendans du premier homme, soit vne efficace qui depend de la propre force de la grace, & de l'operation de Dieu, agissant dedans nos cœurs par la toute puissante vertu de son esprit? Et enfin s'il est certain que les Pelagiens, ou les aduersaires de la grace, n'ignoroient point cette Theologie, mais la connoissoient tres-veri-

1. Au l. de la corr. & de la grace c. 11. *Tale quippe erat adiutorium quod desereret cùm vellet & in quo permaneret si vellet, non quo fieret vt vellet, hæc prima est gratia quæ data est primo Adam.* & il explique plus amplement cette doctrine dans le ch. suiuant.

table, que la grace agit necessairement, supposé que Dieu preuoye qu'elle doit agir, qu'auoient ils à dire pour ce regard contre sainct Augustin, ou sainct Augustin contr'eux, si sainct Augustin en establissant l'indeclinable, & l'insuperable efficace de la grace, n'establissoit que cette espece de necessité conditionnée & subsequente, que les Pelagiens n'ignoroient point, & qu'ils embrassoient de tout leur cœur? & Dieu ayant promis de donner à Iesus-Christ toutes les nations du monde en les faisant croire en Iesus-Christ, auroit il dit si souuent qu'il dit, que la certitude de cette promesse n'estoit point fondée sur vne preuision de Dieu, qui ne pût estre abusée, mais sur vne vertu de Dieu, qui ne pouuoit estre empeschée : d'où vient que l'Apostre, dit ce[1] Pere, n'escrit pas que Dieu sçauoit qu'il estoit sage pour preuoir sans faute ce qu'il auoit promis, mais qu'il estoit puissant pour faire sans obstacle ce qu'il auoit promis, à sçauoir l'entrée & l'assemblage de toutes les nations dans le Royaume de son Fils.

Le fondement & la racine de cette doctrine des saincts Peres est, que la cupidité qui combat la grace, peut estre regardée en deux manieres principales, ou dans son habitude, ou dãs son acte. I'appelle l'habitude de la cupidité, cette corruption profonde ou ce fond de malignité, qui est en nous vne eternelle source de mauuais desirs; I'appelle l'acte de la cupidité, le sentiment mesme des mauuais desirs, ou l'appetit formé & l'embrasement actuel de la cupidité. Et cela estant presupposé, ie dis que la grace qui est vne impression contraire à la conuoitise, peut estre comparée à l'acte ou à l'habitude de la conuoitise, & que selon ces deux diuers egards, nous pouuons, ou ne pouuons pas repousser la grace ou luy resister, que nous pouuons luy resister entant que l'habitude de la conuoitise eut pû nous suggerer de plus puissans desirs que ceux que la grace nous inspire, & que nous ne pouuons luy resister entant que le sainct desir que la grace nous inspire est plus fort que le mauuais desir que la conuoitise nous suggere, & le fait ployer sous luy par vne tres-efficacieuse & tres-inuincible actiuité. Et pour conceuoir plus clairement cette doctrine tres constante, tres-euangelique, & appuyée immobilement dans l'antiquité; I'obserue que tout ce qui s'opere maintenant en

1. Au l. de la predestination des Saints, ch. 10. & c. 17. au l. du don de la pers. ch. 13. au l. 1. de l'Oeuure Imp. ch. 91. & au l. 2. ch. 156. *Hos mores quos procul dubio bonos vis intelligi, si vt putatis homo sibi faciat prædicere ista debuit Deus præscius, non promittere, vt non de illo in hac causa diceretur quæ promisit potens est & facere, sed quæ præscivit potens est & prænunciare, aut potẽs est & ostendere*, & en l'Epistre à Sixte, *quod promittit Deus non facit nisi Deus: habet namque aliquid rationis, & veritatis vt homo promittat & Deus faciat: vt autẽ homo se facere dicat, quod promiserit Deus superbæ impietatis est reprobus sensus.*

nous par l'entremise de la grace, n'est autre chose qu'vn combat qui se fait entre deux amours, à sçauoir entre l'amour de Dieu & l'amour du monde, qui se nomme aussi l'amour propre, la cupidité, la chair, & c'est ce que l'Apostre nous enseigne en ces paroles si celebres, ***La chair conuoite contre l'esprit & l'esprit contre la chair***; c'est à dire le mauuais amour contre le bon, & le bon contre le mauuais : & comme en diuers temps ces deux amours se trouuent en diuers degrez, de là vient qu'ils sont superieurs l'vn à l'autre, tour à tour, tantost l'vn & tantost l'autre, que tantost la charité l'emporte sur la cupidité, & tantost la cupidité sur la charité. *Il y a vn amour*, dit sainct Prosper[1], *qui peut estre surmonté par vn autre amour, & bien souuent l'amour de Dieu languit & se flestrit par la dilection du monde*, ce qui fait que nous resistons à la charité ou à la grace, ou que nous ne luy resistons pas selon qu'elle est plus foible ou plus puissante que la cupidité auec laquelle elle combat ; & comme lors que la grace est plus puissante que la cupidité, nous resistons à la cupidité par vne force insuperable de la grace, ainsi lors que la cupidité est plus puissante que la grace, nous resistons à la mesme grace par vne force insuperable de la cupidité, & la grace lors qu'elle est plus foible que la cupidité, nous fait dire seulement que nous voudrions bien faire ce que Dieu veut que nous fassions, & au mesme instant la cupidité, qui est plus forte que la grace, nous fait dire absolument que nous ne le voulons pas, mais au mesme temps que la grace est superieure à la cupidité, & que la cupidité par consequent ne peut luy resister, nous pouuons dire neantmoins tout à la fois que nous ne pouuons luy resister, & que nous le pouuons aussi, que nous ne pouuons luy resister à cause que le mouuement de la conuoitise, qui luy est inferieure en force, luy cede par necessité ; & que nous pouuons en quelque sorte luy resister encore, entant que nous portons en nous ce fond de conuoitise, qui eut pû susciter en nostre cœur des mouuemens plus forts que ceux que la grace nous inspire : & c'est ainsi que sainct Prosper[2] escrit

1 l.2. de la vocat. des Gentils, ch.3. à la fin. *Est amor qui potest alio amore superari, & sæpe dilectio Dei ex mundi dilectione marcescit, nisi ad eum feruorem Spiritu sancto inflammante profecerit, qui nullo extingui frigore, nullo possit tepore languere.*

2 l.2. de la vocat. des Gentils c.9. *Quamuis auxilio Dei steterint, tamen quia in se habebant vnde caderent, ipsorum sit meritum quod steterunt: igitur, sicut qui crediderunt iuuantur, vt in fide maneant; sic & qui nundum crediderunt iuuantur vt credant; & quemadmodum illi in sua habent potestate, vt exeant, ita & isti in sua habent potestate ne veniant*, & vn peu apres, *Quamuis autem multi amantes tenebras suas, splendorem non recipiant veritatis, & multi illuminati fuerant, tenebrescunt, verbum tamen Dei manet in æternum* (voicy l'inuincibilité de la grace,) *& de promissionis veritate nihil excidit, intrat quotidie præscita & promissa Gentium.*

pl[illegible]tudo, & in Abrahæ ſemine omnis gens, omnis tribus, omnis lingua benedicitur quod enim Pater Filio dedit, Filius non amittit, neque quicquam poteſt de manu eius eripere quod accepit.

que ceux qui ſont aydez de Dieu pour venir à luy, ont en leur pouuoir de n'y venir point, & qu'ils y viennent toutesfois par vne force inſurmontable de ſa grace : car ce Sainct veut dire proprement que la grace qui les fait venir ne peut eſtre ſurmontée par le mouuement de la conuoitiſe, qui pour lors ſe forme dans leur cœur, bien qu'elle pût eſtre ſurmontée par ce foyer de conuoitiſe, qui habite dans leurs membres, s'il eſtoit embraſé auec plus de violence qu'il ne l'eſt actuellement, & en ce ſens comme ſainct Proſper dit, que ceux qui ſont aydez de Dieu pour venir à luy, peuuent n'y venir pas, bien qu'ils y viennent par vne grace inſurmontable; Pourquoy n'auroit pû dire le Concile de Trente, que lors que nous ſommes meus de Dieu pour conſentir, nous pouuons diſſentir, bien que Dieu nous faſſe conſentir par vne energie inuincible de ſa grace? & comme le meſme Sainct enſeigne que ceux qui demeurent en la foy par le ſecours de l'eſprit de Dieu, ont en leur pouuoir de ne demeurer pas, bien que Dieu les faſſe demeurer par vne efficace immuable de ſa grace. Pourquoy le Concile ne dira il, que ceux que Dieu meut à conſentir, peuuent diſſentir, bien qu'ils conſentent par vne inuincible vertu de ſon Eſprit?[1] & comme ſaint Auguſtin dit, que les nations que Dieu auoit promiſes à ſon Fils euſſent pû detruire ſa promeſſe, ſi elles euſſent voulu ne croire pas au Fils, bien qu'il fut impoſſible que cette promeſſe fut détruite & euacüée. Pourquoy le Concile n'aura il pû dire que le franc-arbitre eſtant meu de Dieu, peut diſſentir, s'il veut, à cette motion diuine, bien qu'il ſoit impoſſible que cette motion diuine ne le faſſe conſentir & demeure ſans effet? Car on ne veut dire en tout cela, ſinon qu'en vn ſens nous pouuons reſiſter à la grace qui nous conuertit, & qu'en l'autre nous ne le pouuons pas, que nous ne pouuons luy reſiſter par l'acte ſeul qui procede lors de la conuoitiſe, & que nous pouuons luy reſiſter entant que nous auons dequoy la repouſſer dans la ſource de la conuoitiſe, ſi elle eſtoit allumée auec plus de force qu'elle n'eſt. C'eſt pourquoy ſelon ſainct Proſper, ceux qui ſont debout & qui ne tombent point, meritent en de-

[1] l. 2. de l'œuure Imparf. *dicite nobis ſi noluiſſent gentes credere iuſteque viuere, euacuaretur promiſſio, quæ facta eſt ad Abraham, non inquies. ergo vt Abraham ob ſtipendium fidei conſequeretur dilatationẽ ſeminis, præparata eſt gentium voluntas à Domino, & vt vellent quod & nolle potuiſſent, ab illo factum eſt qui ea quæ promiſit potens eſt & facere.* ch. 154.

meurant debout, pource qu'ils ont tousiours en eux de quoy tomber, bien que Dieu soustienne perpetuellement & inébranslablement l'inclination qu'ils ont à tomber & à déchoir de leur perfection, & comme ce sont termes synonimes, auoir vne chose en sa puissance, & auoir en soy de quoy la faire, que veut dire sainct Prosper, quand il dit de ceux qui perseuerent & qui ne tombent pas, qu'ils ont en eux de quoy tomber, sinon qu'il est en leur pouuoir, ou qu'ils ont en leur puissance de tomber par le poids de leur cupidité, bien que Dieu les en empesche cōtinuellemēt par vne inuincible force de sa charité? Et le premier principe ou la premiere source de cette Theologie des saints Peres est, qu'il y a cette difference entre la puissance du Createur & la puissance de la creature, que la puissance du Createur est absoluë & indefinie, entant que souueraine & independante de toute autre, & que la puissance de la creature est limitée & conditionnée, entant que assuiettie & subordonnée à la puissance du Createur. Ce qui estant ainsi, lors que Dieu empesche la puissance de la creature de produire son action, il ne faut pas dire pour cela qu'il luy rauît cette puissance, mais qu'il l'empesche seulement d'agir, car il est de la nature de la creature de ne faire point ce qu'elle peut faire lors que Dieu l'empesche de le faire, & qu'il fait qu'elle ne le fasse point, & ainsi quand l'homme a la puissance de vouloir le mal, il ne perd point cette puissance lorsque Dieu l'empesche de l'exercer, pource qu'il est de la nature de cette puissance non de n'estre point, mais de n'agir point, non de perir, mais de cesser d'agir lors que Dieu veut & qu'il fait qu'elle n'agisse point: & cette verité subsiste sur ce fondement vnique que l'homme n'estant pas vn agent libre independant & souuerain, mais vn agent libre sous vn agent libre, il ne perd point sa liberté en la sousmettant à celle qui est la source de la sienne, mais plustost il est dautant plus libre qu'il s'assuiettit entierement à l'autheur de sa liberté,[1] & c'est ainsi que sainct Augustin dit, qu'il est tellement en la puissance de celuy qui veut ou qui ne veut pas de vouloir ou de ne vouloir pas, que cette puissance n'empesche point ny ne surmonte point celle de Dieu, & c'est ainsi que le mesme [2] Pere dit, que Dieu ayant

1 Au l. de la Corr. & de la gr. ch. 14. *Cui volenti saluum facere, nullum hominis resistit arbitrium, sic enim velle & nolle, in volentis & nolentis est potestate, vt diuinam voluntatem non impediat neq superet potestatem.*

2 Là mesme, *Nisi forte vt ex multis aliqua commemorem, quando Deus voluit Saüli Regnum dare, sic erat in potestate Israelitarum subdere se memorato viro, siue non subdere quod vtique in eorū erat positum voluntate, vt etiam Deo valerent resistere.*

touché le cœur des Israëlites pour leur faire suiure le Roy Dauid, il estoit en leur volonté, c'est à dire en leur puissance de le suiure ou de ne le suiure point, mais non toutesfois en telle sorte qu'ils pussent empescher la volonté de Dieu qui vouloit qu'ils le suiuissent & qu'ils le reconnussent pour leur Roy: & c'est à dire en peu de mots, que lors que Dieu par sa toute puissance s'oppose ou resiste à la puissance de ses creatures, il la reprime simplemẽt sans la destruire, il empesche bien qu'elle n'agisse, mais il n'empesche pas qu'elle ne soit: & ainsi bien que nous ne puissions cõioindre la volonté du mal à la grace par laquelle Dieu nous empesche de le vouloir, nous pouuõs neantmoins conioindre la puissance de le vouloir à la grace par laquelle Dieu fait que nous ne le voulõs pas: & c'est icy le fondement de la distinction fameuse dans l'escole des Thomistes du sens composé & du sens diuisé, par où ces grãds hommes veulent dire, que lors que nous auons la grace de vouloir le bien, nous auons la puissance de ne le vouloir pas, mais non de ne le vouloir pas en presence de la grace, qui fait que nous le voulons. Et de là vient que 1 Soto grand personnage Religieux Dominiquain, n'osa iamais dire simplement & absolument dans le Concile de Trente, que nous pouuons consentir ou dissentir à la grace de Dieu, mais seulement que nous le pouuons en quelque sorte & dans vne certaine maniere, par où sans doute il entendoit, comme il le tesmoigne dans ses œuures, que nous le pouuons en sens diuisé, mais non en sens composé, qui sont les termes dont ces grands Disciples du grand sainct Thomas ont de coustume d'ensei-

1 Soto au l. de la Nat. & de la Gr. ch. 16. *Et enim dum libere moueor possum in sensu diuiso non agere & tunc cessabit concursus Dei, tametsi in sensu composito contra se inuicem pugnent Deum agere erga me actione illâ & me non agere*, & que le concours diuin dont il parle precede naturellement celuy de nostre volonté pour la determiner à faire. Soto là mesme le declare ainsi, *Non est dubium quin concursus Dei concomitetur vt aiunt actionem sit nihilominus cuiuscunque causæ secundæ requisitus ad agendum, imò verò & NATVRA PRÆREQVISITVS*, Et plus bas; *Sunt ergo*, dit-il, *alia secundi generis opera quæ ita in nobis Deus exercet, si nos tamen ascensum præbeamus, qualia sunt omnia quæ motum quempiam liberum animi nostri designant hæc proinde non prius tempore à Deo quam liberè à nobis, sed simul ab eo & à nobis fiunt, ab eo tamen PRIVS NATVRA, veluti trahere ad se nos aperire cor nostrum & ipsum quod est conuertere nos, quo circa opera hæc ita in scriptura promittit nobis Deus nosque ab ipso sedulis precationibus efflagitamus vt vicissim à nobis ipse requirat*, Et plus bas pour monstrer quelle est l'efficacité du concours diuin, il enseigne que ceux qui ont vne ayde interieure plus puissante se meuuent plus puissamment, & les autres plus foiblement, & dit qu'il arriue ainsi par necessité, ce qu'il ne diroit pas s'il dépendoit absolument de nous, d'obeyr ou de resister à ce concours diuin.

gner les mysteres de leur Theologie, c'est à dire, que nous pouuons conioindre & assembler la grace de vouloir le bien auec la puissance de vouloir le mal, mais que nous ne pouuons composer, c'est à dire conjoindre & mettre ensemble la grace de vouloir le bien auec la volonté du mal; mais bien que en vn sens nous ne puissions vouloir le mal en presence de la grace qui nous fait vouloir le bien, en vn autre sens nous le pouuons, c'est à dire qu'en vn certain sens nous ne pouuons pas seulement conioindre auec la grace la puissance de vouloir le mal, mais aussi la volonté du mal. Et pour expliquer cette verité, ie presuppose, MONSEIGNEVR, que la grace enferme deux fonctions qui se forment & qui resident en deux principales puissances de nostre ame, dont l'vne est l'illumination de l'entendement, & l'autre est l'amollissement de la volonté, dont l'vne nous fait voir le bien, & l'autre nous le fait aymer, dont l'vne esclaire l'ignorance qui nous empesche de le voir, & l'autre corrige la malice qui nous empesche de l'aymer. Et cela estant; ie dis, MONSEIGNEVR, que la volonté du mal est incompatible auec la grace victorieuse quant à la seconde de ses operations qui est le flechissement du cœur, puis qu'elle ne nous flechit le cœur qu'en nous faisant vouloir le bien, mais que la volonté du mal n'est pas incompatible auec la mesme grace quant à la premiere de ses operations, qui est l'illustration de la raison, puis que pour embrasser le bien, il ne suffit pas de le connoistre, mais il faut auoir encore la force de l'aymer, que la grace ne nous donne qu'en nous attendrissant le cœur, & ainsi la grace est composée de deux parties essentielles, dont l'vne est vne suasion simple de l'entendemẽt, à laquelle nostre franc-arbitre peut dissentir quand il est seul; & l'autre est vne impression d'amour en nostre franc-arbitre qui le fait consentir à la suasion de l'entendement, & qui d'vne suasion simple & imparfaite en fait vne entiere persuasion. Quant à la premiere production, ou à la premiere touche de la grace qui se forme dans l'entendement Sainct Augustin nous la represente en ces paroles. *L'homme ne peut croire aucune chose par le franc-arbitre sans vne vocation, ou sans vne suasion, à laquelle* Au Li. de l'Esp. & de la lettre chap. 33.

Il croye, &c. mais le consentir ou le dissentir à la vocation de Dieu est de nostre propre volonté: Et quant à la seconde production ou empreinte de la grace qui se forme dans la volonté, & qui change la suasion de l'entendement en vne parfaite persuasion, Sainct Augustin nous la designe en ces mots suiuans au mesme lieu du mesme liure, *Que si quelqu'vn me force de rechercher ce profond mystere, pourquoy Dieu vse de suasion enuers les vns, ensorte qu'il les persuade & n'en vse pas enuers les autres*: Et que cette persuasion procede d'vn changement qui arriue dans la volõté, cela se voit dans le parallelle ou dans la comparaison du texte precedẽt de saint Augustin, auec celuy-cy *Ce n'est pas*, dit-il,[1] *que le croire ou ne croire pas ne soit dans le franc-arbitre de la volonté de l'homme, mais dans les éleus la volonté est preparée du Seigneur*, Car en ces deux textes cõparez ensemble dont l'vn est, *Cur illi ita* SVADEATVR *vt* PERSVADEATVR *illi verò nõ*, & l'autre est, *In electis præparatur volũtas à Domino.* Il paroist qu'à l'esgard de Dieu nous persuader & nous preparer la volonté, est vne mesme chose & vn mesme effet d'vne mesme grace qui change nostre entendement par le changement de nostre volonté: d'où il s'ensuit que cette traction diuine ou cette maniere douce & delectable dont Dieu persuade ses éleus peut estre definie vne suasion accõpagnée d'vn amour qui nous la fait suiure, & qui nous y fait consentir auec plaisir, & de là vient que sainct Augustin[2] appelle la grace des fideles ou la grace des éleus, vne doctrine que Dieu verse dans le fonds de nostre cœur, auec vne incroyable suauité, non seulement par ceux qui plantent & qui arrousent au dehors, mais encore par luy mesme qui donne au dedans l'accroissement, & en nous monstrant la verité & en nous respandant la charité. Et c'est aussi de cette doctrine occulte & amoureuse qui nous rend obeyssans à la vocation diuine dont le Concile d'Orenge parle, quand il dit,[3] que Dieu inspire

1 Au liu. de la Predest. des Saincts chap. 5. à la fin, *Non quia credere vel non credere non est in arbitrio volũtatis humanæ, sed in electis præparatur voluntas à Domino*, Et au commencement du chap. suiuant, *Multi audiunt verbum veritatis sed alij credũt, alij contradicunt, quis hoc ignoret? quis hoc neget? sed cũ in alijs præparetur, alijs non præparetur voluntas à Domino discernẽdũ est vtique quid veniat de misericordia eius quid de iudicio* Et au liu. de la grace de Christ chap. 14. *Quis autem non videat*, dit-il, *& venire quemquam & non venire arbitrio voluntatis, sed hoc arbitrium potest esse solum si non venit, non autem potest, nisi adiutum esse si venit.*

2 Au liu. de la grace de Christ chap. 13. *Hæc gratia si doctrina dicenda est, certè sic dicatur vt altiùs & interiùs eam Deus cum ineffabili suauitate credatur infundere, non solum per eos qui plantant & rigant extrinsecus, sed etiam per se ipsum qui incrementum suum ministrat occultus. Ita vt non ostendat tantummodo veritatem, verùm etiam impertiat caritatem*

3 Can. 7. *Si quis per naturæ vigorem bonum aliquid quod ad salutem pertinet vitæ æternæ cogitare vt expedit aut eligere siue salutari, Id est euangelicæ prædicationi, consentire posse confirmat*

vne ioye ou vne douceur à tous ceux qui consentent & qui croyent à la verité, ce qui estant posé il n'est pas difficile de comprendre ce que veut dire sainct Prosper, 1 quand il enseigne que la grace qui nous est differemment offerte, est rejettée par les vns & receuë par les autres. *Dieu preste*, dit-il, *cette ayde à tous par des voyes innombrables, soit manifestes, soit cachées, & ce quelle est refusée par plusieurs, cela vient de leur malice, & ce que plusieurs autres la reçoiuent, cela vient de la grace de Dieu, & de la volonté de l'homme.* Et il veut dire proprement que la grace generale qui est presentée à tous les hõmes & qui leur éclaire la surface de l'entendement dans la contemplation du monde, dans la doctrine de la loy, dans la veuë des miracles, en des reuelations mesmes internes & secrettes, est repoussée par les vns & embrassée par les autres, qu'elle est refusée par ceux qui ont bien la grace generale, de sçauoir la verité, mais qui n'ont pas le don special de la charité pour aymer la verité, & qu'elle est embrassée par ceux en qui Dieu comble, 2 dit le mesme Pere, les dons vniuersels par des dons particuliers, en ne leur proposant pas seulement comme il fait à tous la verité, mais en leur donnant aussi specialement la charité, sans laquelle ils hairoient & fuiroient la verité au lieu de la suiure & de l'aymer: & comme cette grace speciale de la charité qui regne dans nostre volonté en tant que grace speciale & singuliere, n'est point donnée à tous, d'où vient que sainct Prosper la distingue en cette qualité de toutes les graces generales, comme elle est purement gratuite, d'où vient que selon sainct Prosper elle est donnée mesme sans estre demandée, afin que les prieres que nous faisons par elle nous impetrent les autres graces qui nous sont données apres elle; comme elle est necessaire, en sorte que sans elle selon 3 sainct Prosper, les tenebres de nos cœurs ne peuuent estre dissipés; de mesme aussi elle est efficace lors qu'elle est superieure à la cupidité, & en ce sens on ne peut luy resister, comme on entend pour l'ordinaire, entant que luy resister veut dire la frustrer de son action, de son fruict, de son vtilité, au-

absque illuminatione, & inspiratione Spiritus sãcti, qui dat omnibus SVAVITATEM, in consentiendo & credendo veritati, haretico fallitur spiritu.

1. Au l. 2. de la Vocat. des Gentils, *qua opitulatio per innumeros modos siue occultos siue manifestos omnibus adhibetur, & quod à multis refutatur ipsorum est nequitia, quod autem à multis suscipitur & gratiæ est diuinæ & voluntatis humana.*

2 Au mesme liu. ch. 7. *Secundum eas mensuras quibus Deus dona generalia specialibus nouit cumulare muneribus.*

3 Au liu. de la vocation des Gentils, ch. 9. *Vt cum ipsa data fuerit non petita, ipsius impetitionibus bona cætera conferantur.*

trement comme [1] dit sainct Prosper apres [2] sainct Augustin la predestination de Dieu, l'oraison du Fils de Dieu pourroient estre sans effet si la grace qui est le moyen seul par lequel elles s'accomplissent pouuoit estre euacuée & demeurer elle mesme sans effet : & c'est à cét égard que sainct Augustin l'appelle, comme nous auons dit desia, tres-efficacieuse, inuincible, indeclinable, insuperable, toute puissante sur nostre volonté, par où ce grand Maistre & ses Disciples nous enseignent que la liberté de l'homme est d'estre captif de son Seigneur & d'assuiettir sa volonté à la grace de son Dieu par vne tres-aymable & tres-heureuse necessité.

Et que le Concile ait estably cette liberté parfaite bien loin de la détruire, lors qu'il defend de dire qu'on ne peut dissentir à la grace si l'on veut, cela se voit en ce que le Concile establit là vne liberté laquelle estant ostée à la volonté il s'ensuiuroit que la volonté n'agiroit point du tout, voulez vous le voir euidemment? Lors que le Concile condamne ceux qui disent que le franc-arbitre ne peut dissentir s'il veut, mais qu'il est comme vne chose inanimée & purement passiue, n'est-ce pas comme s'il disoit que si le franc-arbitre ne peut dissentir s'il veut, il faut qu'il soit comme vne pierre & comme vn tronc inanimé & qu'il n'agisse point du tout. Le Concile donc en enseignant que le franc-arbitre peut dissentir s'il veut, establit vne liberté, laquelle estāt rauie à la volonté il s'ensuiuroit que la volonté n'agiroit aucunement. Mais qui ne voit que l'on ne peut dire de la liberté d'indifference à consentir ou dissentir, que cette liberté estant ostée à la volonté il s'ensuiuroit que la volonté seroit priuée de toute action, puisque Iesus-Christ & les bien-heureux qui n'ont pas cette liberté, pour cela ne laissent point d'agir, & bien qu'ils suiuent ineuitablement l'empire de la grace ne peuuent estre comparez qu'auec vne horrible impieté à des troncs inanimez. Le Concile donc necessairement quand il definit en ce Canon que l'on peut dissentir si l'on veut, de crainte qu'on

1 Au l. 2. de la vocation des Gent. *Quamuis tam acerbo natura humana vulnere sauciata sit, vt ad cognitionē Dei neminem contemplatio spontanea plenè valeat erudire nisi obūbrationem cordis vera lux discusserit quā inscrutabili iudicio Deus iustus & bonus non ita præteritis sæculis quemadmodū in nouissimis diebus effudit*, c. 6. à la fin.

2 Au liu. 2. de la vocat. des Gent. ch. 9. l. 1. c. 3. *Si ergo impossibile est ista non fieri, quia nec incerta præscientia Dei est nec mutabile consilium, nec inefficax voluntas, nec falsa promissio omnes isti de quibus hæc prædicta sunt sine exceptione saluantur.*

3 Au l. de la corr. & de la gr. ch. 8. *An audebis dicere etiam rogante Christo ne deficeret fides Petri defecturam fuisse & si Petrus eam deficere voluisset, hoc est si eam vsque in finem perseuerare noluisset quasi aliud Petrus vllo modo vellet quàm pro illo Christus rogasset vt vellet, nam quis ignorat tunc fuisse perituram fidem Petri, si ea qua fidelis erat voluntas ipsa deficeret & permansuram si eadem voluntas maneret; sed quia preparatur voluntas à Domino ideo pro illo Christi non posset esse inanis oratio.*

ne soit semblable à vn tronc inanimé, establit vne liberté, qui n'est autre chose qu'vne faculté réelle de vouloir & d'agir quand nous consentons ou dissentons, de laquelle faculté reelle de vouloir & d'agir quand on consent & quand on dissent, le Concile enseigne doctement que si elle estoit ostée à la volonté il faudroit que la volonté fut comme vne pierre, vne souche, vn tronc inanimé sans mouuement & sans action. Et pour prendre la chose dans sa source, i'obserue icy que les Pelagiens auoient accoustumé de faire deux reproches contre l'inuincible efficacité de la grace du Sauueur. Le premier est qu'il s'ensuiuroit de cette efficacité puissante & insurmontable, que nous ne voudrions point. Et le second est que nous n'agirions point, & que si Dieu faisoit tout en nous par les forces de sa grace nous ne ferions rien par nos propres forces, & Dieu nous mouueroit, comme il meut les choses inanimées qui n'ont ny raison ny sentiment. A quoy les Peres respondoient, que puisque nous n'auons la grace que pour vouloir & pour agir, elle ne peut nous empescher d'agir & de vouloir, & qu'il seroit impertinent de dire qu'elle nous empeschast de faire ce qu'elle nous fait faire, & de ce que la grace agit il ne s'ensuit pas que nous n'agissons point, mais plustost si nous n'agissions point, il s'ensuiuroit qu'elle n'agiroit point, puisqu'elle n'agit qu'en cela mesme qu'elle nous fait agir, *Il est certain* dit saint Augustin, *que nous voulons quand nous voulons, mais celuy-là fait que nous voulons le bien duquel il est dit ce que i'ay dit vn peu auparauant, la volonté est preparée du Seigneur, duquel il est dit, les pas de l'homme sont dressez par le Seigneur, & il veut la voye du Seigneur, & duquel il est dit c'est Dieu qui opere le vouloir en vous, il est certain que nous faisons quand nous faisons, mais en donnant des forces tres-efficacieuses à nostre volonté celuy-là fait que nous fassions qui dit, ie feray que vous cheminiez en mes iustifications que vous obseruiez mes iugemens & que vous les fassiez* & ailleurs, *Dieu ne nous a pas seulement donné, & n'aide pas seulement nostre pouuoir, mais il opere encore en nous le vouloir & le parfaire, & ce n'est pas que nous ne VOVLONS point ou que nous N'AGISSONS point, mais c'est que nous ne voulons aucun bien sans son secours*, & par ce secours il entend vne ayde qui ne nous donne pas seulement de pouuoir faire

Au l. du franc-arbitre c. 16.

Au l. de la g. de Chr. c. 25. *Non solum Deus posse nostrum donauit, atque adiuuat sed etiam velle & operari operatur in nobis: non quia non volumus aut quia non agimus, sed quia sine ipsius adiutorio nec volumus aliquid boni nec agimus.*

le bien, mais de le faire aussi.

Or en ce suiet Luther ayant depuis imité les Pelagiens, en se seruant de leur langage, auança deux propositions qui furent tirées de ses liures & examinées dans le Concile de Trente, dont l'vne destruit l'action de l'homme, & l'autre destruit la volonté de l'homme que Dieu touche par sa grace: celle où il destruit l'action de l'homme receuant la grace est celle-cy, *le franc-arbitre concourt auec la grace de Dieu, encore qu'il ne le vueille point*: & celle qui destruit la volonté de l'homme touché par la grace est celle-cy, *l'homme consent à la grace encore qu'il ne vueille pas*, le Concile donc voulant marcher icy sur les pas des Catholiques, comme Luther auoit marché sur les pas des Pelagiens, & ayant entrepris de censurer ces deux propositions impies de cét Heresiarque, condamne celle qui éteignoit la volonté de l'homme en declarant que le franc-arbitre peut dissentir s'il veut, & condamne celle qui éteignoit l'operation de l'homme, en declarant que le franc-arbitre n'est point comme vne chose inanimée & purement passiue quand il est meu & excité de la grace diuine, & dautant qu'on ne peut destruire la volonté de l'homme sans destruire son action, puisque en l'homme, n'agir point & ne vouloir point, est vne mesme chose; de sorte que s'il ne veut point, il s'ensuit qu'il n'agit point aussi. De là vient que le saint Concile anathematise en mesme temps ceux qui renuersent l'vn & l'autre & proscrit par vn seul Canon ces deux blasphemes de Luther, en l'vn desquels il abolissoit l'action de l'homme qui est touché de la grace diuine, & en l'autre il en abolissoit la volonté. Voyez MONSEIGNEVR, ie vous coniure comment toutes choses conuiennent & s'accordent naturellement, s'embrassent, s'vnissent, se soustiennent dans cette doctrine, dans cette definition, dans cette procedure du Concile & qu'en cette occasion encore le Concile ait eu dessein de marcher sur les vestiges de l'antiquité & par consequent de saint Augustin, qui en est la voix & l'organe selon du Perron, quel aueugle ne le verroit point en cela seul que ce Synode & dans le chapitre de la doctrine où il éclaircit cette matiere & dans le Canon où il la definit, employe religieusement les mesmes phrases & les mesmes termes que saint Augustin employe pour nous exprimer l'efficace victorieuse & inuincible de la grace du Sauueur. Le Concile dit, Dieu touchant le cœur de l'homme, & saint Augustin * enseigne que c'est par la grace victorieuse que Dieu touche nostre cœur. Le Concile dit, Dieu touchant le cœur de l'homme par l'illumination du sainct Esprit, & saint Augustin enseigne que c'est par la grace victorieuse que Dieu nous illumine & qu'il opere en nous nostre [1] cooperation auec sa grace. Le Concile dit que nous confessons que nous sommes preuenus par la grace de Dieu, & sainct Augustin [2] enseigne que c'est par la grace victorieuse que Dieu preuient ceux qu'il iustifie comme il les accompagne en suitte pour les glorifier. Le Concile dit que Dieu appelle ceux qu'il conuertit, & saint Augustin [3] enseigne que c'est par la grace victorieuse que celuy qui est profond les appelle plus profondement, c'est à dire plus efficacemẽt que l'homme ne peut s'imaginer. Le Concile dit qu'on peut reietter la grace ou qu'on peut y dissentir si l'on veut, & saint Augustin [4] enseigne qu'on peut bien y consentir ou y dissentir si on veut, mais que c'est par vne secrette & insuperable maniere de la grace que Dieu fait que nous y consentons. Le Concile dit que la grace dont il parle est celle dont il est escrit pour nous auertir de nostre liberté, *conuertissez-vous à moy & ie me conuertiray à vous*, & ou nous respondons pour faire voir que nous sommes preuenus de la grace de Dieu, *conuertissez-vous à nous Seigneur, & nous nous conuertirons*, & saint Augustin [5] enseigne que ce lieu de l'Escriture enferme tout ensemble & le franc-arbitre de nostre volonté, & le regne inuincible de la grace sur nostre volonté. Le Concile dit, le franc-arbitre meu & excité de Dieu, & saint Augustin enseigne que c'est par la grace victorieuse, toute-puissante, in-

* Au l. de la gr. de Chirst. *Cor tetigit.* au l. 2. de Bonif. chap. 9. *non tamen sine adiutorio Dei qui tangit cor homo præparat cor.* au l. de la corr. & de la grace, *non quid aliquis dicturus est non iturum fuisse cum Saul quemquam eorum quorum tetigit corda Deus vt irent cum illo.*

1. Au l. de la nature & de la grace ch. 23. *Deserti luce iustitiæ & per hoc contenebrari, quid pariant aliud quàm hæc omnia quæ commemoraui opera tenebrarũ; donec dicatur eis si dicto obaudiant; surge qui dormis & exurge à mortuis & illuminabit te Christus* & au ch 67. *gratiam Dei non euacuaui, sine qua natura humana iam contenebrata atque vitiata illuminari non potest & sanari.*

2. Au mesme liure ch. 31. *præuenit vt vocemur, subsequetur vt glorificemur*, & ailleurs à tout moment.

3 Au l. de la perfection de la Iust. ch. 19. *sed altior est qui vocat altiùs quam omnis humana cogitatio* & au l. de la predestination des Saincts ch. 16. où il parle de la vocation selon ce propos, *dixit ergo, sed ex vocante, non quacunque vocatione sed qua vocatione fit credens.* 4 Au l. de l'esprit & de la lettre ch. 33.

5 L. 2. de la remiss. & du merite des pechez ch. 5. *sed etiam vt conuertamur ipse adiuuat, quod certè oculis corporis lux ista non præstat, tunc ergo nobis iubet dicens; conuertimini ad me, & ego conuertar ad vos; nosque illi dicimus, conuerte nos Deus sanitatum nostrarum & Deus virtutum conuerte nos quid aliud dicimus quam da quod iubes?*

6 Au liu. de la grace de Christ, chap. 45. *interioris hominis vſque ad exteriores lachrymas mouit & produxit affectum*, au liu. de la correction & de la gr. ch. 14. *Intus egit, corda tenuit, corda mouit, eoſque voluntatibus eorum, quas ipſe in illis operatus eſt, traxit.*

7 L. 2. du merite & de la remiſſion des pechez, *quod verò ad Deum nos conuertimus niſi ipſo* EXCITANTE, *atque adiuuante non poſſumus, & hæc eſt voluntas bona, quid habemus quod non accepimus?* L. 1. a Bonif. ch. 19. *vt in excitanda eius ad ipſum bonum opus voluntate nihil eam credatis operari*, & vn peu plus bas, *an potius vt credat ipſa voluntas ſicut Saüli deſuper excitatur, etiamſi tam ſit auerſus à fide vt credentes etiam perſequatur?*

uincible & indeclinable que Dieu nous meut [6] & nous excite, [7] & apres cela, choſe eſtrange & inconceuable, nous croirons, nous enſeignerons, nous preſcherons, que le Concile a renuerſé l'efficace victorieuſe & inuincible de la grace, en ſe ſeruant des meſmes termes, des meſmes expreſſions, des meſmes lieux des Eſcritures ſainctes dont ſainct Auguſtin ſe ſert par tout pour la deffendre & pour la ſouſtenir contre les Pelagiens auec l'approbation & auec l'applaudiſſement de tous les Catholiques.

Mais pour recueillir en peu de mots tout ce que ie viens de dire, d'expliquer, de iuſtifier touchant les manieres differentes, dont nous pouuons & ne pouuons pas repouſſer la grace ou luy reſiſter, ſi on me demande, & ſi on veut que i'exprime briefuement, en combien de ſortes & en combien de ſens, ſelon les Peres, on peut reſiſter à la grace du Sauueur; Ie reſponds en premier lieu qu'on peut luy reſiſter, pource qu'on le fait ſi on veut ſans changer d'eſtat, puiſque c'eſt vne meſme choſe, luy reſiſter & vouloir luy reſiſter. Ie reſponds en ſecond lieu qu'on peut luy reſiſter à la regarder en ſa ſubſtance & preciſement en elle meſme, en ce qu'au meſme inſtant qu'on l'a, on pourroit auoir vn mauuais deſir plus puiſſant qu'elle, & luy reſiſter par ce deſir. Ie reſponds en troiſieſme lieu, qu'on peut luy reſiſter à la regarder en ſes circonſtances, au cas meſme qu'elle eſt plus puiſſante que la cupidité qu'elle combat, pource qu'on peut ioindre à cette grace de vouloir le bien, la puiſſance de vouloir le mal, bien qu'on ne luy puiſſe ioindre le deſir formé, ou l'actuelle volonté du mal. Ie reſponds en quatrieſme lieu, qu'on peut luy reſiſter ou conioindre auec elle, le vouloir du mal au regard de ce qu'elle opere dans noſtre entendement, mais non au regard de ce qu'elle opere dans noſtre volonté, en ce que nous pouuons ſçauoir le bien qu'elle nous enſeigne, & ne l'aymer point, encore que nous le sçachions, au lieu qu'il nous est impossible de ne l'aymer pas, lors qu'elle en forme & en imprime inuinciblement l'amour dans nostre volonté. S'il est donc vray selon le sens, & selon le style des saincts Peres, qu'il est en nous, que nous auons en nostre puissance de reietter la grace, qu'en nous mesmes nous auons de quoy, comme dit sainct Prosper, ou luy resister, ou luy dissentir, si nous voulons quelque puissante, quelque dominante, qu'elle soit sur nostre volonté, comment l'Eglise ou le Concile qui la represente, eussent-ils souffert ou pû souffrir à Luther & à ses Disciples d'enseigner ouuertement que la grace de Dieu rauit, esteint, enleue toute action à nostre volonté, & que nous y consentons ou y dissentons, encore que nous ne le vueillions point, ce qui veut dire proprement & naturellement, au grand scandale de toutes les oreilles Chrestiennes & Religieuses, que nous consentons ou que nous dissentons à la grace auec violence, auec contrainte, malgré nous & en despit que nous en ayons. Et quand le Concile a condamné cette proposition odieuse de Luther, LIBERVM ARBITRIVM CONSENTIT GRATIÆ DEI ETIAMSI NOLIT, ou celle-cy qui est son equiualente, NON POTEST DISSENTIRE ETIAMSI VELIT. Il ne faut pas s'estonner que le Concile l'ait exprimée par celle-cy, NEC POSSE DISSENTIRE SI VELIT, ayant mis SI pour ETIAMSI, car SI, se prend pour ETIAMSI, ordinairement dans toutes les langues, dans l'Escriture saincte, dans les SS. Peres, & dans les Autheurs profanes. Ainsi l'Escriture saincte dit, SI *peccata vestra fuerint tamquam coccinum, sicut nix dealbabuntur*, c'est à dire, ETIAMSI *fuerint tamquam coccinum* &c. SI *dormieritis inter medios cleros pennæ columbæ de argentatæ*, pour dire, ETIAMSI *dormieritis* &c. *si me occiderit*, selon l'Hebreu, pour dire ETIAMSI *me occiderit*, comme la version vulgate l'a traduit, & dans la langue Hebraique, c'est tousiours vn mesme mot, qui signifie, SI & ETIAMSI comme Rabbi Kimki, le plus sçauant de tous les Grammairiens Hebreux, l'a obserué en quelques textes de l'Escriture; Et si les Iuifs ont maintenant vn autre mot, pour dire, *etiamsi*, ce sont les Rabbins qui l'ont inuenté. Ainsi sainct Augustin dit, 1 *SI ratio refutare non*

1 En la Cité de Dieu l. 11. c. 19

posset, fides credere deberet, pour dire, *ETIAMSI ratio refutare non posset*, &c. & ailleurs, 1 *quæ SI vera essent, non solum tacerentur prudentius*, pour dire, *ETIAMSI vera essent*, &c. & ailleurs, 2 *SI quod absit illius tanti boni spes nulla esset*, pour dire, *ETIAMSI illius tanti boni*, &c. & sainct Prosper, que ie ne separe iamais de son incomparable maistre, *SI à colendis quoque simulachris recesserit fidem tamen dilectionemque*, &c. *non reciperet*, *ETIAMSI à colendis simulachris recesserit*. Et pour me contenter d'vn exemple seul des Autheurs profanes que nous deuons sobrement citer, ainsi Virgile dit, *Non mihi SI linguæ centum sint, oraque centum*, pour dire, *ETIAMSI mihi linguæ centum sint*, &c. Mais pour quelle cause dira on encore, le Concile ne s'est il point seruy des propres termes de Luther en le condamnant, & n'a-il pas dit, *nec posse dissentire ETIAMSI VELIT*, au lieu qu'il a dit, *nec posse dissentire SI VELIT*? Ie responds que ces deux termes, ayant vn mesme sens, comme ie viens de le monstrer, les Peres ont pû se seruir indifferemment de l'vn ou de l'autre, outre que l'on peut dire tres-raisonnablement, que comme Luther s'estoit seruy des propres mots des Pelagiens, en disant comme eux, *ETIAMSI NOLIT*, *ETIAMSI VELIT*, le Concile en condamnant Luther a voulu se seruir des propres mots des Catholiques, qui disoient, *SI VELIT & SI NOLIT*, lors qu'ils combattoient, *l'ETIAMSI nolit*, & *l'ETIAMSI velit* des Pelagiens, 3 ainsi sainct Augustin leur dit, *non est homo bonus SI NOLIT*, *nemo* 4 *credit SI NOLIT*, *peccamus SI volumus, in quo fit mala voluntas in eo non fieret SI NOLLET*, & si sainct Augustin a dit 5 deux fois seules que l'homme ne peut estre sans peché, encore qu'il le vueille, *ETIAMSI VELIT*, c'est que lors, ou il prend le mot de peché largement & improprement pour la conuoitise, de laquelle il est vray de dire que nous la ressentons, encore que nous ne le vueillions pas, bien que nous luy resistions si nous voulons, ou si il parle aussi du peché actuel, & du consentement à la conuoitise, il veut dire que sans la grace on ne peut estre sans peché encore qu'on le vueille, pource que sans la grace, ou vn certain degré de grace ou l'on ne le veut point, ou l'on ne le veut pas assez fortement pour

1 Là mesme c. 20.

2 L. 21. de la Cité c. 15.

Au l. de la Voc. des Gent. ch. 3.

3 Au l. 1. à Bonif. c. 18.

4 Au l. de l'esprit & de la lettre.

5 Au l. de la perf. de la Iustice. c. 7. L. de la corr. & de la gr. c. 11.

pour le pouuoir, & c'eſt en ce ſens qu'il [1] a dit que ſi la grace ne faiſoit vouloir les hommes, ou ils ne voudroient point, ou par l'infirmité de leur volonté, ils ne voudroiẽt pas tellement qu'ils puſſent, mais pource qu'il eſt en leur pouuoir d'eſtre ſans peché s'ils le veulent comme il faut, en cette ſorte il eſt touſiours vray de dire qu'ils le peuuent s'ils le veulent: d'où ie recueille qu'encore que Luther eut dit ſimplement qu'on ne peut reſiſter à la grace ſi l'on veut, on n'auroit pas laiſſé d'auoir raiſon de le cenſurer; mais il a eſté d'autant plus digne d'eſtre condamné qu'en ce rencontre il a oſé ſe ſeruir des meſmes mots dont ſe ſeruoient les Pelagiens contre les Catholiques; & au contraire le Concile, en condamnant Luther, eſt d'autant plus digne de loüange qu'en le condamnant il a vſé des meſmes expreſſions dont vſoient les Catholiques contre les Pelagiens.

[1] Au l. de la corr. & de la gr. c. 12.

Ce qui eſtant qu'y a-t'il de plus clair, de plus iuſte, de plus aiſé & de plus canonique que cette œconomie du Concile. O! Concile tout remply de l'eſprit des Peres, ô! Zelateur inuiolable de la ſacrée antiquité & dans les choſes & dans les paroles meſmes. Et ſi dans ce point particulier on a eu d'autres raiſons de cõdamner Luther que celle que ie repreſente, ie n'en iuge point icy & ce m'eſt aſſez de faire voir que celle que i'allegue a eſté tres-ſuffiſante ſelon la couſtume des Conciles & la conduitte ordinaire de l'Egliſe pour le faire condãner: car bien que cette propoſition que nous conſentons ou que nous diſſentõs à la grace, encore que nous ne le vueilliõs pas, peut-eſtre priſe en vn bon ſens, ce qui ne ſe peut que tres-violemmẽt, comme elle doit l'eſtre en vn mauuais, ſelon la ſignificatiõ naturelle de ſes termes. Ce n'eſt pas à dire pour celà que l'õ n'ait point dû la condãner, la raiſon eſt, qu'afin qu'vne propoſition ſoit receüe entre les Catholiques, il ne ſuffit pas qu'elle ſoit capable d'vn bon ſens, mais il faut auſſi qu'elle ne ſoit point capable d'vn mauuais, car en ce cas on la condamne, de crainte qu'elle ne ſcandaliſe les fideles par le mauuais ſens dont elle eſt ſuſceptible: & ſur tout ſi les heretiques l'ont inuentée les premiers, comme entr'autres celle-cy que l'on conſent ou que l'on diſſent à la grace encore qu'õ ne le vueille pas. Ce qui eſtant Luther eſt inexcuſable d'auoir oſé la renouueller, bien qu'il ſceut que les Pelagiens en eſtoient les premiers autheurs, & que les anciens Peres l'auoient deteſtée en la bouche de ces heretiques, & ſi Luther s'en eſt ſeruy en vn bon ou en vn mauuais ſens, les Peres du Concile n'ont point dû s'en enquerir, & il ſuffit qu'elle ait merité d'eſtre condamnée, comme elle l'auoit eſté deſia du temps des Pelagiens par le mauuais ſens qu'elle porte en elle meſme, & qui pouuoit bleſſer les oreilles des fideles dont l'Egliſe cherche le ſalut & la ſeureté dans ſes definitions. Et pour vſer icy de quelques exemples entre pluſieurs, Ainſi les Lutheriens ayant enſeigné que le peché originel eſt vne ignorance ou vn meſpris de Dieu ſans excepter meſme les enfans, bien qu'on alleguaſt en leur faueur qu'en ce qui regarde les enfans, ils n'entendoient pas vn meſpris formé de Dieu, mais vne inclination à le meſpriſer, le Concile de Trente ne laiſſa pas de les condamner en ce point particulier, diſans que s'ils croyoient bien ils deuoient bien parler, & que s'ils ſuiuoient la foy des Catholiques, ils deuoient en imiter auſſi l'expreſſion & le langage. En quoy l'on voit que le ſainct Concile a voulu ſuiure & a ſuiuy l'aduis de quelques Peres qui luy conſeillerent que ſelon l'vſage des anciens Conciles, lors qu'il s'agiſſoit de condamner les propoſitions des heretiques, il ne deuoit pas examiner s'ils les entendoient, ou ſi on pouuoit les entendre en vn bon ſens, mais ſeulement ſi on pouuoit les prendre en vn mauuais qui put ſcandaliſer l'Egliſe, ou qui put bleſſer la conſcience des infirmes. Ainſi au Concile de 1 Baſle Auguſtin de Rome ayant auancé cette propoſition, que *Ieſus-Chriſt peche tous les iours*, bien qu'il entendit ſeulement que Ieſus-Chriſt peche dans ſes membres, on ne laiſſa pas de condamner ſa propoſition, comme eſtant ſujette d'elle meſme à vne explication odieuſe & deauſantageuſe à la ſaincteté de Ieſus-Chriſt. Ainſi les Moines de 2 Scythie ayant auancé cette propoſition, *l'vn de la*

Dans l'hiſtoire du Concile ſous l'année 46. en la p. 199. ſur la fin.

En la meſme hiſtoire p. 247 ſur le meſme lieu.

1. En la ſeſſ. 22. touchant la condamnation du liu. d'Aug. de Rom. Archeueſque de Naz. *& potiſſime (damnat & reprobat) ſcandaloſam illam aſſertionem erroneam in fide, in ipſo libello contentam quam pia fidelium aures ſine horrore audire non poſſunt, videlicet Chriſtus quotidie peccat, & ex quo fuit Chriſtus quotidie peccauit, quamuis de Capite Eccleſiæ Chriſto Ieſu ſaluatore noſtro dicat ſe non intelligere ſed ad membra ſua quæ cum Chriſto capite vnum eſſe Chriſtum aſſeruit, intelligentiam eius eſſe referendam dicat.*

2. Baron. ſur l'année 519.

Trinité a esté crucifié, Le Pape Hormisdas la condamna pource qu'elle pouuoit auoir vn mauuais sens, bien qu'elle en pût auoir vn bon, comme le Pape Iean second, peu de temps apres le declara, approuuant bien qu'on s'en seruit d'oresnauant parmy les Catholiques. Ainsi l'Eraniste dans Theodoret ayant vsé de cette locution, *Le Verbe a souffert par sa propre chair*, bien que cette maxime soit tres-vraye mesme dans son sens le plus naturel, Theodoret la nie fortement comme suspecte d'vne signification impie en la bouche de cét Eutychien.

3. Baron. sur l'année 533. & 534.

4. Theodoret dans le Dialogue nommé Impassible, vn peu apres le commen.

Ces choses donc estant posées que Luther aille nous dire apres les Pelagiens, que l'on consent ou que l'on dissent à la grace encore que l'on ne veüille pas, puis qu'on y consent & on y dissent quand on veut; cõme on respondoit aux Pelagiens lors qu'ils nous accusoient de dire ce que Luther a dit, & qu'on s'estonne que Louys de Catanée ait combattu si fortement dans le Concile de Trente ce langage inepte de Luther, & qu'il l'ait combattu selon les principes mesmes de sainct Augustin & de sainct Thomas, en disant que si Dieu faisoit consentir nostre volonté encore qu'elle ne voulut pas, il la mouueroit auec violence, ce qu'il est ridicule de penser? puis que ce qui est meu de sa propre cause comme le franc-arbitre quand il est meu de Dieu, ne peut estre meu violemment ou contre l'appetit & contre l'inclination de sa nature, *Mais Frere Louis de Catanée*, dit l'histoire, *soustenoit selon la doctrine de sainct Thomas, que Dieu opere en l'ame deux sortes de graces preuenantes, l'vne suffisante & l'autre efficace, que la volonté peut consentir & resister à la premiere, mais non à la seconde, pource qu'il y a de la contradiction à dire que l'on puisse resister à ce qui fait faire. Pour appuyer son opinion, il citoit sainct Iean & sainct Paul, & vne explication de sainct Augustin sur les lieux de ces Apostres. Et à ce que l'on obiectoit que tous ne se conuertissent pas à Dieu, il répondoit que cela venoit de ce que Dieu ne nous preuient pas tous efficacement. Quant à ce que l'on apprehendoit que le franc-arbitre ne fut offensé par l'efficace de cette grace, il respondoit que sainct Thomas nous auoit deliurez de cette apprehension, disant, que ces choses-là se meuuent auec violence qui sont meuës par vne cause contraire, mais que rien n'estoit*

L'histoire du Concile sous l'année 1546.

meu violemment par ſa propre cauſe , & ainſi que Dieu eſtant la cauſe de la volonté, c'eſtoit la meſme choſe que Dieu la mût ou qu'elle ſe mût ſoy-meſme. Dauantage il condamnoit où il traictoit pluſtoſt de ridicule le langage des Lutheriens que la volonté ſuit comme vne choſe inanimée ou priuée de raiſon , dautant que la volonté eſtant naturellement vne puiſſance raiſonnable , & eſtant meuë de Dieu comme de ſa cauſe , il faut qu'elle le ſuiue & qu'elle ſoit muë comme eſtant pourueuë de raiſon. Pareillement il blaſmoit auſſi cette locution que Dieu conuertit les hommes à ſoy encore qu'ils refuſent & qu'ils regimbent, pource qu'il y a de la contradiction, à dire qu'vn effect regimbe contre ſa propre cauſe ; qu'il peut bien arriuer que Dieu conuertiſſe efficacement quelqu'vn qui autrefois ait reſiſté à vne ſuffiſante preuention de Dieu, mais qu'il ne ſe peut faire qu'il reſiſte quand il ſe conuertit , pource que l'efficace de la motion diuine eſt naturellement ſuiuie d'vne ſuauité qui plie agreablement la volonté de l'homme.

Mais comment Louys de Catanée n'eut-il pas traicté d'abſurde ces paroles de Luther , puis que du Moulin meſme a creu eſtre obligé de les rejetter & d'auoüer en meſme temps que le Concile a eu raiſon de les fleſtrir auſſi & de les proſcrire par vn reglement exprez [1], *la force de la grace*, dit ce Miniſtre *n'eſt pas appellée irreſiſtible, comme ſi tu ne pouuois luy reſiſter encores que tu le vouluſses, puis que cela meſme eſt vne partie de la grace de ne vouloir pas luy reſiſter*, & en vn autre lieu, ce meſme Miniſtre, 2 *Nous ne diſons pas que les éleus*, dit-il, *combien qu'ils veüillent reſiſter à Dieu qui les appelle ne le puiſſent neantmoins , mais nous diſons que les éleus ſuiuront en fin volontairement, certainement, & infailliblement Dieu qui les appelle, afin que l'eſlection de Dieu ſoit accomplie.* & en vn autre lieu, *Il y a*, 3 dit-il, *ie ne ſçay quelle ſuaſion ſi efficacieuſe, qu'elle emporte l'homme neceſſairement à luy conſentir, & bien que tu puiſſes luy reſiſter ſi tu veux, tu ne le peux neantmoins vouloir.* Ie vous ſupplie MONSEIGNEVR, ce Miniſtre que pouuoit-il dire de plus clair & de

1. Du Moulin en l'anatomie de l'Arminiaſme pag. 105. Edit. de Leiden l'an 1619. *Nec vi, qua ineo irreſiſtibilis dicatur, quia ei non poſsis reſiſtere, etiam ſi velis, cum hoc ipſum pars ſit gratiæ nolle reſiſtere.*

2. P. 1. de la 2. part. *Non dicimus electos quantuncumque velint reſiſtere Deo vocanti, tamen non poſſe; ſed dicimus electos certe & infallibiliter & ſponte ſecuturos tandem Deum vocantem, vt electio Dei impleatur.*

3. P. 17. de la 2. part. *Eſt enim quædam ſuaſio tam efficax vt hominem neceſſario trahet in aſſenſum, cui cùm poſsis reſiſtere ſi velis, non potes tamen velle.*

plus net pour nous tesmoigner qu'il reconnoist que le Cõcile de Trente a pû condamner cette These Lutherienne (*que nous consentons à la grace encore que nous ne le veuillions pas*) sans détruire pour cela l'efficace de la grace qui est enseignée par l'Eglise Catholique dans les Conciles, & dans les Peres; entre lesquels reluisent comme deux principaux Astres, sainct Augustin & sainct Thomas. Mais reuenons à l'histoire qui poursuit & dit, *Soto repliquoit que toute inspiration diuine prise en elle mesme estoit suffisante simplement, mais que celle à laquelle le franc-arbitre consent, deuient efficace par ce consentement du franc-arbitre: que si le franc arbre ne donne point de consentement, elle demeure sans effet, non par son defaut, mait par le defaut de l'homme: mais il defendoit cette opinion auec beaucoup de crainte & de retenuë, dautant que l'autre luy obiectoit qu'il s'ensuiuroit de là que la difference des Eleus d'auec les reprouuez viendroit du costé de l'homme contre le sentiment perpetuel de l'Eglise Catholique, que c'est par grace que les vaisseaux de misericorde sont distinguez des vaisseaux d'ire, qu'il s'ensuiuroit aussi que l'élection de Dieu seroit fondée sur les œuures preueuës & non sur le seul bon plaisir de Dieu à quoy il adioustoit que la doctrine des Peres & des Conciles d'Affrique, & des Gaules contre les Pelagiens, a tousiours esté que Dieu nous fait vouloir ce qui veut dire qu'il nous fait consentir, & partant qu'il faut attribuer à l'efficace de l'operation diuine le consentement que l'on posoit en nous, & que si Dieu traittoit tous les hommes également, à sçauoir, ceux qui sont damnez & ceux qui sont sauuez, ceux-cy, ne luy seroient pas plus obligez que ceux-là.* Et vn peu plus bas *on n'approuuoit point que Soto ne parlast pas librement & nettement, en ce qu'il disoit que la volonté d'elle-mesme consent en quelque sorte, & qu'en quelque sorte aussi elle peut resister à l'inspiration de Dieu comme si entre l'affirmatiue & la negatiue il y pouuoit auoir quelque milieu ou quelque moyen entre deux* (Mais nous auons obserué desia que par ces mots, *en quelque maniere*, Soto soubs entendoit la distinction celebre qu'il a enseignée dans ses liures du sens, composé & du sens diuisé) *Et d'ailleurs* poursuit l'histoire, *on s'estonnoit de la franchise de parler dont vsoit Catanée & les autres Dominiquains, qui auoüoient ne sçauoir comment distinguer cette opinion qui attribuë la iustification au con-*

sentement, d'auec l'opinion des Pelagiens, & auertissoient qu'on se gardast bien de ne sauter pas au de là de la barriere, par vne excessiue enuie de condamner les Lutheriens : mais sur tout cét argument cy estoit poisé que de l'aduis contraire, il faudroit conclurre que la predestination ou l'élection seroit fondée sur la preuision des œuures, ce que nul Theologien ne vouloit admettre, & ce fut ce qui donna lieu de traitter le poinct de la predestination. Ie conclus donc, MONSEIGNEVR, necessairement que lors que le Concile a definy contre Luther, que l'on consent ou que l'on dissent à la grace si l'on veut, il a voulu dire proprement ce que dit sainct Augustin, & ses disciples apres luy qu'il depend de nostre volonté, de vouloir, de croire, de consentir, mais que Dieu[1] prepare la volonté de ses Eleus en les faisant inuinciblement vouloir, croire & consentir, & c'est ce don special de consentir par où Dieu distingue, ceux qui consentent d'auec ceux qui ne consentent pas, & ceux qu'il persuade d'auec ceux qu'il ne persuade pas en les appellant. D'où vient qu'à la fin de l'excellent liure de l'esprit & de la lettre, sainct Augustin ayant dit ces mots, *Maintenant prends garde, y a t'il quelqu'vn qui croye s'il ne le veut pas, ou qui ne croye pas s'il veut, ce qui estant absurde, puisque croire n'est autre chose que de consentir que ce qu'on dit est veritable : Or le consentement n'est consentement qu'en celuy qui veut, & ainsi la foy est en nostre puissance*, c'est à dire, comme il auoit dit desia, puisque nous auons en nostre puissance ce que nous faisons quand nous voulons & que nous croyons quand nous voulons; il s'ensuit qu'il est en nostre puissance de croire ou de ne croire pas. Et vn peu plus bas au mesme Liure ayant dit ces mots, que *le consentir & le dissentir sont de nostre volonté propre*, il adiouste incontinent ceux-cy par lesquels il marque le don particulier qui nous determine à consentir, *Que si quelqu'vn*, dit-il, *veut nous reduire à rechercher cette profondeur, pourquoy Dieu en appelle quelques-vns, en sorte qu'il les persuade & les autres non, à cela ie n'ay maintenant que deux choses à respondre, ô abysme des richesses, & il n'y a point d'iniustice en Dieu, & si quelqu'vn ne se contente point de cette sorte de response, qu'il en cherche de plus sçauans que moy, mais qu'il prenne garde qu'il n'en trouue de plus vains.* Et pour reuenir au Concile & à l'explication que ie luy donne, suiuant des raisonnemens si clairs & des principes si constans de sainct Au-

[1] Au Liu. de la pred. des Saints chap. 5. *Non quia credere vel non credere non est in arbitrio voluntatis humanæ, sed in electis præparatur voluntas à Domino.*

Au chap. 31.

Là mesme chap. 34.

gustin, si elle est si conforme comme elle est au stile & à l'esprit de ce grand Docteur, & par consequent des Conciles & des Papes qui l'ont approuué, en quelle conscience pourrons nous ou oserons nous la condamner, & en la condamnant nous exposer au danger de faire bresche au bataillon serré de la doctrine de ce Pere, & par la ruine d'vn seul point de sa haute Theologie en détruire tout le reste?

Et certes MONSEIGNEVR, permettez-moy ie vous coniure d'y reuenir encore vn coup. Car il est impossible de me taire en vn suiet où i'ay tant de choses à dire & où ie ne puis en dire assez. Autrefois les Catholiques & les Pelagiens, s'estans seruis egalement de cette maniere de parler, qu'on peut consentir ou dissentir à la grace si l'on veut, n'est-il pas estrange, plus qu'on ne sçauroit dire, que l'on refuse de l'entendre au sens que les Saints Peres & que les anciens Catholiques l'entendoient, & qu'on veüille la prendre dans vn sens qui estãt esloigné de celuy de ces Peres, ne peut estre distingué ou ne peut l'estre que tres-difficilement de celuy de leurs aduersaires? oüy, si le sens que ie represente icy de cette proposition fameuse qu'on peut dissentir à la grace si l'on veut est manifestement celuy que nous auons receu des Peres qui sont nos vrays maistres en la religion, ie vous en fais iuge MONSEIGNEVR, ne vaut-il pas mieux imiter l'humilité de ceux qui le reuerent que la temerité de ceux qui oseroient le reietter, & qui ne pourroient le mespriser sans mespriser aussi les Peres qui l'ont enseigné? Toutesfois chose prodigieuse: la coustume, les preiugez, le trop grand attachement à la Philosophie, ou à la raison humaine, la fausse apparence de nouueauté, le zele indiscret cõtre ceux qui ont quitté l'Eglise, l'affectation de condamner tout ce qu'ils enseignent, la promptitude de iuger, la negligence de s'instruire, la difficulté ou la honte de changer dans ses opinions, la preoccupation de la multitude, l'horreur que l'on conçoit des choses vulgairement blasmées, l'amour dont l'on est preuenu pour l'ordre dont on fait partie, l'auersion qu'on a prise contre ceux qui le contredisent, la crainte de desplaire aux grands, & de ruiner, comme on dit, sa fortune dans le monde, la nature mesme ennemie des idées & des notions sublimes de la grace, nous portent insensiblement à les dedaigner, a les esloigner & à les traitter quelquesfois encore d'extrauagantes & de ridicules, sans nous auiser ou sans estre touchez de l'iniure atroce que nous faisons aux anciens Peres qui les ont receuës, embrassées, publiées, establies, soustenuës auec l'applaudissement de toute l'Eglise contre les efforts des heretiques. Certes si nous en vsons ainsi dans les dogmes de la foy, & si dans celuy dont il s'agit nous ne nous contentons pas de nous écarter de la doctrine de nos Peres, si nous voulons la bannir aussi d'vn Concile general, si sainct, si celebre, si sçauant qu'est celuy de Trente, quelle deference rendrons nous à la protestation que ce Concile fait, de ne vouloir dire ou enseigner particulierement en la matiere de la grace, que ce qu'en ont dit ou enseigné les Conciles approuuez & les Peres orthodoxes? que deuiendra le respect que nous deuons à l'Escole & aux disciples du grand sainct Thomas, dont l'opinion touchant la grace predeterminante si on en vouloit croire quelques-vns, seroit condamnée par le sainct Concile de Trente, ce qu'il est certain qu'il n'eut jamais dessein de faire; Et comme le second Concile d'Orenge, dont l'authorité est reuerée en toute l'Eglise, a suiuy S. Augustin en ce qui regarde la necessité & l'efficace de la grace; si le Canon que nous expliquons du Concile de Trente estoit contraire à sainct Augustin, qui ne voit qu'il le seroit aussi au Concile d'Orenge qui a suiuy sainct Augustin, & ce qui est d'vne force insuperable, puisque dans la Session sixiéme du Concile de Trente où il parle de la grace, le Canon qui precede immediatement celuy que nous expliquons, a esté tiré presque mot [1] à mot du Concile d'Orenge touchant le besoin qu'a le franc-arbitre de l'ayde de la grace, & pour pouuoir faire & pour le determiner à faire, ne faut-il pas que ce Canon suiuant l'intention du Concile d'Orenge, dont il a esté pris, establisse le besoin ou la necessité de la mesme grace, non seulemẽt pour nous dõner de pouuoir faire, mais pour nous determiner à faire. Si donc le Canon que nous expliquõs, ainsi que pretẽdent quelques-vns reiettoit la grace qui nous determine à faire, il renuerseroit le Canon qui le precede immediatement, où cette grace est establie aux propres termes

1 C'est le 3. Can. de cette sess. conceu en ces termes, *Si quis dixerit sine præueniente Spiritus sancti inspiratione atque eius adiutorio hominem credere, sperare, diligere aut, pœnitere posse*

termes du Concile d'Orenge, & par consequent de sainct Augustin, duquel ce Canon a esté pris : ce qui estant ainsi le Concile de Trente! chose prodigieuse, se combattroit luy mesme, & ce qu'il auroit posé par vn Canon, il le détruiroit par l'autre immediatement suiuant. Ce sont les maux où se precipitent & où precipitent le Concile ceux qui contre son dessein & contre sa declaration expresse ne veulent pas l'entendre selon la tradition des Peres, & en particulier selon la doctrine de sainct Augustin, bien qu'il soit si facile de l'entendre par ce Pere, comme ie viens de le monstrer en ce qui concerne l'efficace de la grace diuine & le franc-arbitre de nostre volonté.

Mais ces paroles, dira-on encore; car il n'est pas imaginable combien les hommes se dépoüillent difficilement d'vne erreur inueterée, quelque raison qu'on leur allegue pour les en guerir, Ouy ces paroles, dira-on peut estre, pouuoir dissentir à la grace, si l'on veut, ne signifient elles pas clairement & naïfuement que la grace est la seruante de nostre volonté, & qu'il depend de nous absolument d'y consentir ou de n'y consentir pas sans aucune ayde qui nous determine à consentir: Mais en matiere de propositions Theologiques & diuines, lors qu'il s'agit de les expliquer, qui ne sçait que l'exposition la plus conforme au sens naturel & à la raison humaine, comme sont toutes les expositions que le Pelagianisme nous suggere, paroist tousiours la plus plausible, la plus simple & la plus claire, & que l'exposition la plus conforme à l'analogie des sacrez mysteres qui excedēt la portée de la lumiere naturelle, paroist tousiours accompagnée de quelque sorte de violence, d'obscurité, de dureté. Et pour exemple à ne considerer que la surface & l'écorce de la lettre, les Arriens n'expliquoient-ils pas plus naïfuement que les Catholiques cette propositiō du fils de Dieu, *Mon Pere est plus grand que moy*, qui semble poser sans distinction que le Fils est moindre que le Pere. Selon la surface & l'écorce de la lettre, les Eutycheens n'expliquoient-ils pas plus naïfuement que les Catholiques cette proposition de l'Euangile, *Le Verbe s'est fait chair*, qui semble poser en propres termes que le Verbe s'est changé en la nature humaine. Selon l'écorce & la superficie

sicut oportet sive ei iustificationis gratia conferatur, Anathema sit. Et ce canon est pris en partie du Canon 6. du Conc. Orenge & du Can. 7. & principalemēt du 25. où il est dit *Secundùm suprascriptas sanctarū scripturarum sententias vel antiquorum patrum definitiones hoc Deo propitiante prædicare debemus & credere, quod per peccatum primi hominis ita inclinatum & attenuatū fuerit liberum arbitrium, vt nullus postea aut diligere Deum sicut OPORTUIT aut CREDERE in Deum aut OPERARI propter Deū quod bonum est possit: nisi eum gratia misericordiæ Diuinæ præuenerit*, & par la suite de ce Canon l'on voit qu'il parle clairemēt de la necessité d'vne grace qui nous donne de pouuoir faire, &

de la lettre, les heretiques des premiers siecles n'expliquoient-ils pas plus naïfuement que les Catholiques cette sentence de l'Apostre, *La chair & le sang n'heriteront point le Royaume de Dieu*, qui semble poser absolument que la substance de la chair n'heritera point le Royaume de Dieu, au lieu qu'en effet elle veut dire seulement que la corruption & la soüillure de la chair n'entreront point au Royaume des bien-heureux. Et pour ne pas nous abuser dans cét important sujet, ie dis, MONSEIGNEVR, que comme ce qu'il y à de principal & de fondamẽtal en chaque genre doit estre la regle & la mesure de tout ce qui appartient au mesme genre: Ainsi les passages ou les textes de l'Escriture sainte, qui contiennẽt les principes de la Religion en chaque espece de mystere, doiuẽt nous seruir toûjours de regle pour interpreter les autres textes, quelque dure que paroisse l'interpretation que nous leur donnons, en nous conformant à cette regle. Ainsi cette proposition de l'Escriture saincte, *Mon Pere est plus grand que moy*, qui ne regarde point le Verbe purement en soy, mais conioint à la nature humaine, doit estre expliquée en telle sorte qu'elle ne blesse point cette autre, *Le Verbe estoit Dieu*, qui conuient au Verbe pris en soy & non encore vny à la nature humaine. Ainsi cette proposition de l'Escriture saincte, *Le Verbe s'est fait chair*, qui ne concerne point le Verbe en sa Diuinité pure & separée, mais en sa Diuinité conjointe à nostre humanité, doit estre expliquée en telle sorte qu'elle ne blesse point cette autre, *Ie suis Dieu & ne change point*, qui conuient au Verbe contemplé dans sa Diuinité simple & non encore vnie à nostre humanité. Ainsi cette proposition de l'Escriture sainte, *La chair & le sang n'heriteront point le Royaume de Dieu*, qui regarde la resurrection commune de tous les fideles, doit estre expliquée en telle sorte qu'elle n'offense point cette autre, *Iesus-Christ est ressuscité des morts les premices des dormans* qui regarde la Resurrection du chef qui doit resusciter les membres, comme il s'est resuscité luy mesme, en la propre essence & en la propre nature de sa chair. Et ainsi par consequent auec proportion & pour la mesme cause, cette proposition du sainct Concile qu'on peut dissentir à la grace si l'on veut, qui ne regarde que la force de la vo-

qui nous determine à faire, & cela se voit en ce que on y trouue citez les lieux de l'Escriture dont les Peres se seruoiẽt pour establir l'efficace de la grace, c'est à dire celle qui nous fait faire ou qui nous determine à faire.

lonté de l'homme, doit estre expliquée en telle sorte qu'elle ne blesse point cette autre, *Tous ceux qui ont ouy & qui ont appris de mon Pere viennent à moy*, qui regarde la vertu de la volonté de Dieu superieure d'elle mesme incomparablement à la volonté de l'homme. Et sans ce fondement qui doit auoir lieu pour les Conciles aussi bien que pour l'Escriture sainćte, s'agissant d'expliquer cette proposition celebre dont les Pelagiens & les Catholiques se sont seruis également, qu'on peut dissentir à la grace si l'on veut, on prefereroit sans doute l'explication des Pelagiẽs à l'explication des Catholiques, & l'on croiroit auec les Pelagiens que ces paroles signifient qu'il dépend de nous souuerainement de dissentir ou de consentir par la determination propre de nostre volonté, & que la grace est efficace ou inefficace, comme on dit, selon qu'il nous plaist de la receuoir ou de la reietter; Et voyez neantmoins & obseruez, ce que Bellarmin dit de cette Theologie si plausible à la raison humaine, *Cette opinion, repugne au sentiment de sainct Augustin, & autant que i'en puis iuger elle repugne aussi au sentiment des Escritures sainctes.* D'où il s'ensuit selon l'adueu mesme de ce docte Cardinal, que si on expliquoit dans le sens le plus naïf & le plus coulant selon la surface des paroles, cette proposition des Peres & du sainct Concile, qu'on peut dissentir à la grace si l'on veut, on l'expliqueroit en vn sens contraire à sainct Augustin, aux Peres qui l'ont approuué, & aux Escritures saintes, & par cõsequent on l'expliqueroit en vn sens contraire au Concile mesme qui ne peut estre contraire aux Peres, à l'antiquité & aux Escritu-

Bellarmin de la gr. & du franc-arbitre l. 1. c. 12. *In qua re sita sit prima opinio*, dit-il, *eorum est qui gratiam efficacem constituunt in assensu & cooperatione humana, ita ut ab eue: iudicatur gratia efficax quia videlicet sortitur effectum & ideo sortitur effectum quia voluntas humana cooperatur: itaque existimant hi auctores in potestate hominis esse vt gratiam faciat esse efficacem, quæ alioquin ex se non esset nisi sufficiens. HÆC OPINIO ALIENA EST OMNINO A SENTENTIA BEATI AVGVSTINI, ET QVANTVM EGO EXISTIMO A SENTENTIA ETIAM SCRIPTVRARVM DIVINARVM, Nam sanctus Augustinus lib. de prædest. sanctorum c. 8. dicit, gratiam efficacem videlicet à nullo durocorde respui, quia ipsa cor emollit, vnde vides efficaciam tribui gratiæ non voluntati humanæ. & l. de spiritu & littera c. 33. quærens an Deus vni suadeat vt persuadeat alteri non ita, non respondet quia vnus consentit, alter non consentit, sed exclamat ô altitudo diuitiarum! Quod attinet ad scripturas sacras verba illa Domini* Ioan. 6. *omnis qui audiuit à Patre & didicit venit ad me, satis perspicuè docent in quo sita sit efficacia gratiæ: illi enim infallibiliter veniunt ad fidem Christi siue per fidem ad Christum qui Patrem cœlestem habent doctorem ita vt infallibilitas effectus non habeat pro causa studium discipuli, sed excellentiam magistri, allegat enim ibidem Dominus Prophetiam Isaiæ* cap. 4. *est scriptum inquit, &c. Alius locus* 1. Corint. 4. *quis enim te discernit? quid habes quod non accepisti, &* Phil. 1. c. 3. &c. *denique hæc opinio euertit omnino fundamentum prædestinationis diuinæ quam sanctus Augustinus ex diuinis litteris solidissimè comprobauit, &c.*

tes saintes & l'on renuerseroit le fondemẽt de la predestination diuine que sainct Augustin, dit ce Cardinal, a tres-solidement prouuée par les mesmes Escritures: & en effet si le sainct Concile auoit estably cette grace dépendante de nostre franc-arbitre & dont il vse comme il veut, les Pelagiẽs qu'auroient-ils eu, ou qu'auroient-ils encore à objecter contre vne grace de cette nature? diroient-ils contre cette grace incertaine, suspenduë & indifferente à ployer de tous les sens qu'on veut, qu'elle détruiroit le franc-arbitre, qu'elle forceroit la volonté, qu'elle introduiroit la destinée, qu'elle esteindroit la loüange & le merite de nos bonnes œuures, qu'elle desespereroit les hommes, qu'elle rendroit inutile la predication, l'exhortation, la correction, la priere, le trauail; qu'elle ne pourroit estre donnée à tous, & que n'estant point donnée à tous Iesus-Christ ne seroit point mort pour tous, Dieu ne voudroit point nous sauuer tous, & tous enfin ne pourroient accomplir ses commandemens? Les Pelagiens auroient-ils esté ou seroient-ils encore si aueugles & si insensez que de former ces obiections contre cette grace obeyssante à nostre volonté, au lieu qu'ils les formoient auec tant de vraye semblance contre la grace dominante sur nostre volonté qui est la propre & veritable grace, comme dit sainct Augustin, enseignée constãment par les Peres, par les Conciles & par l'Escriture saincte? Ce sont les maux, ce sont les desordres où se plongent, car il faut que ie le die encore, & où plongent le Concile autant qu'il est en eux ceux qui malgré luy & contre sa protestation expresse refusent de l'entendre selon la doctrine de leurs Peres & particulierement de sainct Augustin le plus éclairé & le plus authorisé de tous dans les choses de la grace & de la predestination des Saincts.

Pour obuier donc à ces maux, à ces perils & à ces extremitez si redoutables, le seul moyen ne seroit-il pas en cette occasion de regler nostre doctrine autant que nous pouuons sur celle de ce Pere, puisque l'Eglise nous l'ordonne? & si nous dissentons en quelque point de prendre pour arbitre de nostre dispute celuy qui est assis dans le siege de Sainct Pierre pour juger tous les fideles, d'en attendre la sentence auec vne entiere sousmission également de part & d'autre, & iusques à ce que ce juge souuerain de tous les Chrestiens ait decidé nostre querelle, nous souffrir mutuellement auec la mesme charité dont l'Eglise nous supporte, nous seruir tous du mesme langage & des mesmes termes dont vse le Concile en parlant de ce mystere, sans s'esloigner iamais du sens de la venerable antiquité, & ne faire point le peuple arbitre de nos dissensions en declamant comme nous faisons auec tant d'aigreur en particulier & en public les vns contre les autres; & si ceux qui escriuent & qui parlent de la matiere de la grace cõtre la deffense du saint Siege, peuuent le faire innocemment & sans desobeir au Pape, ie n'ay garde d'en iuger pour le grand respect que ie leur porte également à tous. Il me semble seulement que ie puis dire auec raison, que s'il y a quelque cas auquel on puisse escrire ou parler de ces matieres sãs offenser sa Saincteté, c'est lors que l'on voit traitter d'erreurs & de blasphemes des propositiõs de S. Aug. que ny l'Eglise ny le S. Siege n'ont iamais flestries de cette tache, qui ne peuuent estre cõbattuës en cette qualité qu'au grand scandale de tous ceux qui les ont considerées attentiuement, & qui apres les auoir examinées en ont reconnû clairement la verité. Mais pour le bien de la paix commune, à mon aduis, il est à souhaitter sur toutes choses que l'on retienne la ferueur & le zele, quelque saint qu'il soit, de ceux qui attaquent les premiers, & qui attaquant les autres les engagent dans la necessité de se deffendre, pour ne point passer pour heretiques & pour ne pas souffrir vne honte de laquelle vn Ecclesiastique doit se lauer selon les Peres à quelque prix que ce puisse estre.

Dieu qui me voyez tout penetré & tout bruslant de ce saint desir de contribuer à la paix de vostre Eglise & de m'exposer à toutes les peines imaginables pour luy procurer vn si grand bien selon la mediocrité des dons qu'il vous a plû me departir, exaucez les larmes que i'ay versées & que ie verse encore continuellement pour arracher cette benediction de vostre misericorde. Pour moy Seigneur disposez en comme bon vous semble, faictes-moy l'opprobre s'il vous plaist & la ballieure de ce monde, pourueu que vous tiriez de mon humiliation la paix de vos enfans & de vostre Eglise, que i'ayme & que i'aymeray tousiours de toute l'estenduë &

de toutes les forces de mon ame. Mais ie reuiens à vous Monseignevr, pour n'abuser pas de vostre patience plus long-temps, il faut enfin que ie concluë cette ennuyeuse lettre, c'est ce que ie fais, mais en vous protestant deuant Dieu & deuant les Anges, qu'en toutes les considerations que ie vous ay representées de quelque qualité qu'elles puissent estre, ie vous ay tousiours parlé selon le fond de ma conscience, dans vn amour inuiolable de l'Eglise, & du Concile, & dans vn desir de les deffendre de toute ma puissance iusques à la derniere minutte de ma vie, sans déguisement aucun de mes sentimens, sans aigreur aucune contre ceux qui les desapprouuent, sans esperance aucune aux auantages de ce siecle qui ne me sont que de la boüe en comparaison de la verité, & sans engagement & sans attache à aucun party, reiettant comme ie fais tous noms particuliers & comme l'Apostre me l'ordonne ne me disant ny de Paul, ny de Cephas, mais de Iesus-Christ seul qui est mort pour moy, & au nom duquel ie suis baptisé pour auoir part aux merites de sa mort. I'espere aussi tres-fermement & m'asseure inébranlablement en la bonté de celuy qui ne peut tromper ny estre trompé, & qui voit dans le centre de mon cœur la pureté parfaite de mes intentions, qu'il les fera paroistre vn iour toutes simples & toutes nuës à ceux qui ne veulent pas les voir, ou qui ne l'ont pû iusques à cette heure, & que vous ne traiterez plus comme suspect en la religion vn pauure Ecclesiastique qui vous estime encore plus par vostre merite que par vostre caractere & qui ne sera iamais plus satisfait que lors qu'il aura les occasions de vous tesmoigner qu'il est sans reserue,

1. Aux Cor. c. I. v. 12.

MONSEIGNEVR,

Vostre tres-humble & tres-obeyssant seruiteur

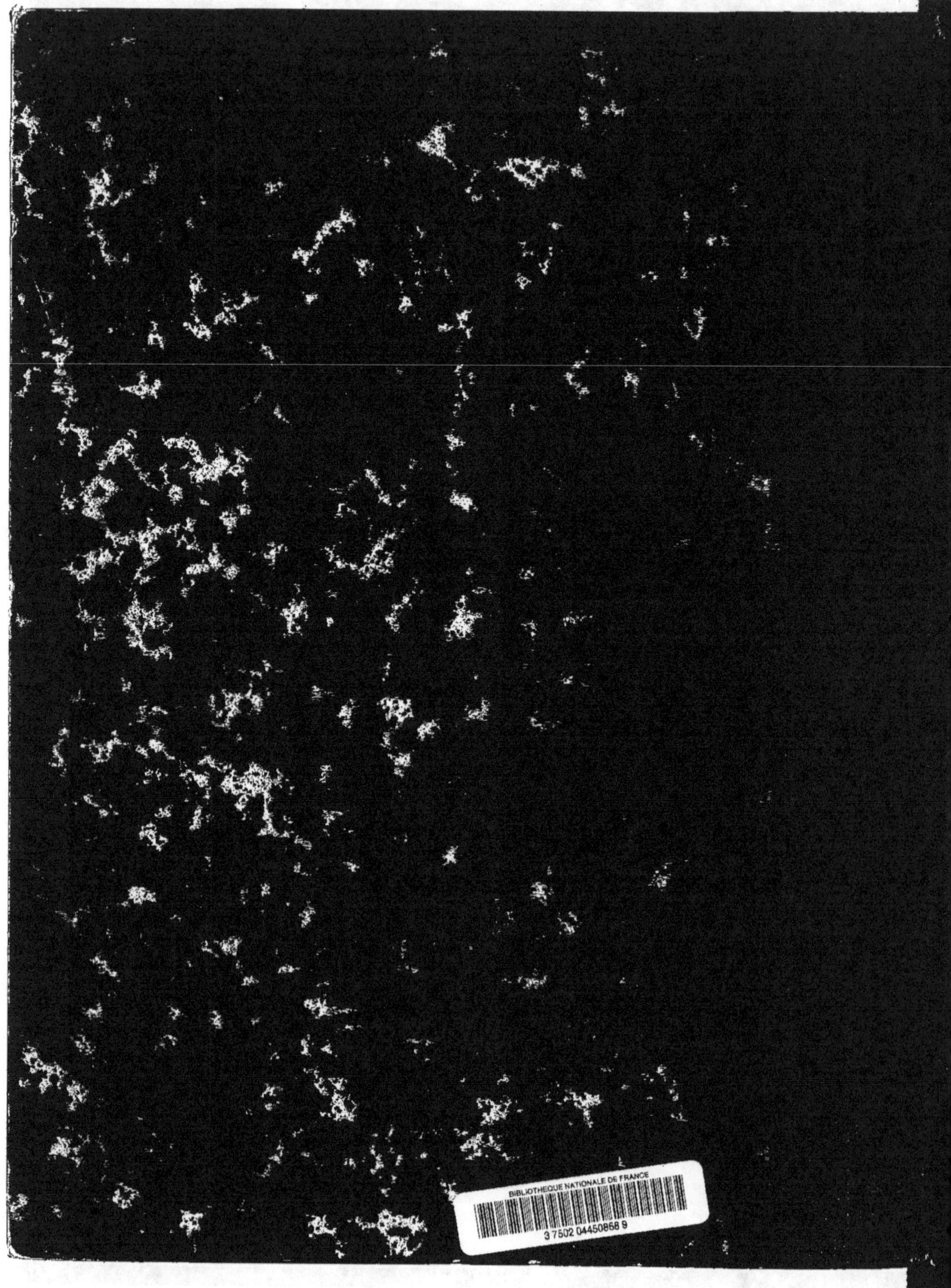

www.ingramcontent.com/pod-product-compliance
Lightning Source LLC
LaVergne TN
LVHW020421230826
846091LV00004B/1362